S. FISCHER

FRIDO MANN

Das Weiße Haus des Exils

S. FISCHER

Bildnachweis am Ende des Bandes

MIX
Papier aus verantwortungsvollen Quellen
FSC® C083411

Erschienen bei S. FISCHER
2. Auflage Dezember 2018

Satz: Dörlemann Satz, Lemförde
Druck und Bindung: CPI books GmbH, Leck
Printed in Germany
ISBN 978-3-10-397404-1

Inhalt

Vorspann 7

Montag, 5. März 2018 17
Dienstag, 6. März 2018 53
Mittwoch, 7. März 2018 75
Donnerstag, 8. März 2018 100
Freitag, 9. März 2018 120
Freitagabend 147
Samstag, 10. März 2018 156
Sonntag, 11. März 2018 184

Dank 205

Bildnachweis 207

Vorspann

Dieses Buch ist eine persönliche Reise durch die unterschiedlichen Epochen des kulturpolitisch bedeutsamen Hauses an der amerikanischen Westküste, welches Thomas Mann während des Krieges im Exil für sich und seine Familie erbaut und zehn Jahre lang als Ort seines literarischen Schaffens und seines leidenschaftlichen politischen Engagements bewohnt hat. Dieses Haus, das danach mehrere Jahrzehnte in privaten Händen lag, wurde im Herbst 2016 von der deutschen Bundesregierung erworben und als *Thomas Mann House* zu einem transatlantischen Dialog- und Begegnungszentrum umgewidmet. In diesem soll »im Geiste Thomas Manns« zwischen Fellows in Residence aus Deutschland mit unterschiedlichsten Berufen und deren amerikanischen Kollegen sowie Institutionen ein systematischer Austausch gepflegt werden. Das von der Bundesregierung, insbesondere vom damaligen Außenminister und derzeitigen Bundespräsidenten Frank-Walter Steinmeier initiierte Programm versteht sich in unserer Zeit einer weltweiten Krise als Modell für Völkerverständigung und für eine gute zwischenmenschliche Kooperation im Dienste der Wahrung eines freien Geistes im Hinblick auf die Zukunft unserer demokratischen Gesellschaftsordnung.

Die hoch angespannte und gefährliche, vielfach zerrissene Situation, in der wir uns heute weltweit befinden, erinnert in einiger Hinsicht an die historische Epoche Europas vor anderthalb tausend Jahren.

Als sich damals das Ende des Römischen Reichs und damit das Ende der Antike abzeichneten, setzte eine umfassende Völkerwanderung ein. Hunnen, Vandalen, Franken, Goten und Langobarden befanden sich zwischen dem vierten und dem sechsten nachchristlichen Jahrhundert in den römischen Provinzen von Britannien bis Nordafrika auf der Suche nach einer neuen Heimat und nach einem Anteil am römischen Wohlstand. Sie überzogen aus den verschiedensten Richtungen zum Teil gleichzeitig riesige Gebiete mit Raubzügen, Plünderungen und Mord. Damit hinterließen sie nicht nur überall Tod und Zerstörung. Sie bewirkten auch ein drastisches Absinken der wirtschaftlichen Prosperität und des kulturellen Niveaus und Bildungsstands in den von ihnen heimgesuchten Gebieten.

Sowohl die schriftlichen Zeugnisse der antiken Kultur als auch der humanistische Geist, der in dieser Kultur verankert war, wären weitgehend verlorengegangen, wenn nicht eine Reihe der gerade neu gegründeten Klöster in der Westkirche dies verhindert hätten. Diese Klöster gingen zurück auf die frühen asketischen Eremiten und die vor der Christenverfolgung fliehenden Wüstenväter in Ägypten und Syrien, die sich nach und nach zu Gemeinschaften von Priestern und christlichen Frauen und zu den ersten Bruderschaften in Ägypten und im Nahen Osten zusammengeschlossen hatten. Es folgte bald die Gründung der ersten Klöster bei Poitiers und Tours im heutigen Frankreich und von Stadtklöstern (Basilikaklöstern) in Rom bis zur Gründung des ersten großen Ordens der Benediktiner im

6. Jahrhundert durch Benedikt von Nursia mit dessen großem Stammkloster in Monte Cassino. Mit ihrer karitativen und heilkundlichen Tätigkeit, ihren Bußübungen und ihrer intensiven Kulturpflege im Geist monastischer Spiritualität wirkten diese Häuser wie segensreiche Oasen in der Wüste materieller und geistiger Zerstörung durch die verschiedenen Einwanderungsgruppen. Im Sinne des Wortes, das später die Benediktinerregel knapp zusammenfasste: »Ora et labora et lege« (»bete und arbeite und lies«), waren diese Klöster für mehrere Jahrhunderte die wichtigsten Stätten der Bildung. Bibliotheken wurden aufgebaut. Kopisten erstellten Abschriften wertvoller Dokumente und Bücher und tauschten diese mit anderen Klöstern aus. Ohne die sorgfältige Arbeit der Mönche und Nonnen wäre der größte Teil der römischen Literatur verlorengegangen. In den Klosterschulen entstanden Kunstwerke, Buchmalereien, Goldschmiede- und Edelsteinarbeiten. Die Landwirtschaft nahm einen großen Raum ein, und neue Formen des Ackerbaus entstanden. Einer eigenen Klostermedizin mit ausgesuchten Gewürzen und Heilkräutern kam eine ähnliche Bedeutung zu wie der Sorge um das Seelenheil der Menschen.

Es waren diese Klöster, vor allem im heutigen Italien und in Frankreich, die während der Völkerwanderung die abendländische Kultur vor ihrem Untergang retteten und damit eine Neuordnung Europas vorbereiteten.

Und heute?

Kleinere, begrenzte Völkerwanderungen hat es seit dem 6. Jahrhundert wiederholt gegeben. Mir scheint allerdings, dass die sich seit dem Ende des Zweiten Weltkrieges langsam anbahnende und gegenwärtig immer weiter ausufernde neue Völkerwanderung zahlenmäßig derjenigen am Ende der Antike am ähnlichsten ist. Heute landen täglich Tausende aus außereuropäischen Kriegsgebieten stammende Flüchtlinge vor allem über das Mittelmeer in südeuropäischen Häfen und warten dort in elenden Lagern auf ihre Verteilung in andere europäische Staaten. Abgesehen von einer Minderheit von sich einschleichenden Terroristen und Kriminellen sind diese schutzsuchenden Menschen mit den Barbaren, Hunnen oder Vandalen der zu Ende gehenden Antike auf keinen Fall vergleichbar. Aber ihre Traditionen und ihr andersartiges Religions-, Rechts- und Gesellschaftsverständnis verändern langfristig abermals das Gesicht Europas. Der Wohlstand der Industrieländer als Resultat enormer gesellschaftlicher, politischer und industrieller Entwicklungen im Lauf vieler Jahrzehnte hat zu geradezu explodierenden Migrationsbewegungen geführt. Diese moderne Art der »Völkerwanderung« verändert wiederum das Selbstbewusstsein und das Selbstverständnis der Menschen in den Aufnahmeländern und natürlich auch das der Zuwanderer selbst.

In der abendländischen Welt hatten schon vor dem Einsetzen der großen Migrations- und Fluchtbewegungen im 20. Jahrhundert die Verlockungen einer sich immer rasanter und scheinbar unbegrenzt entwickelnden Hochtechnologie und Ökonomie zu einer Haltung von Hybris und Maßlosigkeit, Opportunismus und Egoismus geführt. Die Menschen in den Industrienationen sind nicht nur einer allgemeinen emotionalen Verunsicherung und Desorientierung und einer fortschreitenden Aushöhlung ihres tradierten abendländisch-christlichen Wertebewusstseins ausgesetzt. Gleichzeitig sinkt auch die Hemmschwelle vor der Ausübung von Gewalt und vor kriegerischen Auseinandersetzungen auf fremden Territorien. Auch nimmt der gewissenlose Umgang mit unserer Lebenswelt und mit den sich immer weiter verknappenden Ressourcen unseres Planeten in beängstigender Weise zu.

Angesichts der weltweiten Ausbreitung von Hass und Ausgrenzung durch politischen Extremismus, von mörderischem und kulturvernichtendem Terror, von Kriegen, Wirtschaftskriminalität und sozialer Ungerechtigkeit stehen wir – Gläubige aller Religionen und Ungläubige gemeinsam – heute am Abgrund. In Ermangelung eines für ein menschliches Miteinander und für den Weltfrieden allgemeinverbindlichen Wertesystems scheint der globale Zusammenbruch einer lebenswerten sozialen Ordnung immer näher zu rücken. Weder von dem in ihrem Dogmatismus erstarrten monotheistischen Religionen noch von den weltabgewandten spirituellen Gemeinschaften des Fernen Ostens sind hier rettende Impulse zu erwarten, die irgendwie mit dem Wirken der frühen christlichen Klöster vergleichbar wären.

Glücklicherweise gibt es heute weltweit eine Menge nichtreligiöser Organisationen und Gruppen, die versuchen, mit friedens- und umweltfördernden Maßnahmen den unheilvollen Entwicklungen auf unserem Globus entgegenzuwirken und die mit manchmal beachtlichen Erfolgen bei vielen Menschen an die Übernahme von ethischer und politischer Verantwortung appellieren. Sie tragen sehr zu einem wachsenden Bewusstsein von der Wichtigkeit dieser Verantwortung bei.

Nicht oft genug erwähnen kann ich dabei im künstlerisch-kulturellen Bereich das *West-Eastern Divan Orchestra*, das 1999 in Weimar von dem argentinisch-israelischen Dirigenten und Pianisten Daniel Barenboim sowie dem in Palästina geborenen und 2003 verstorbenen amerikanischen

Literaturwissenschaftler Edward Said gegründet wurde und aus Jungmusikern besteht, die etwa zur Hälfte aus arabischen Ländern und zur anderen Hälfte aus Israel stammen. Ziel dieser Orchestervereinigung ist die Förderung einer nachhaltigen zwischenmenschlichen Verständigung zwischen den religiös und politisch tief zerstrittenen Kulturen und Ländern, aus denen die beiden Musikergruppen stammen.

Im Bereich der Naturwissenschaft lässt sich als prospektives Beispiel internationaler Größenordnung das bereits 1954 gegründete, inzwischen 20 Mitgliedstaaten und 3000 Mitarbeiter umfassende CERN hervorheben. Das CERN (*Conseil Européen pour la Recherche Nucléaire*) hat seinen Sitz in Meyrin bei Genf und ist das weltgrößte Forschungszentrum für Teilchenphysik. Neben der physikalischen Grundlagenforschung verfolgt die Einrichtung das übergeordnete gesellschaftliche und im Grunde auch politische Ziel einer intensiven und konstruktiven Zusammenarbeit interessierter und kompetenter Wissenschaftler aus möglichst vielen Nationen und unterschiedlichsten Kulturen. Dahinter steht die Absicht, allfällige Vorurteile und Ressentiments abzubauen, in der Hoffnung, dass jene Mitarbeiter aus aller Welt ihre konstruktiven wissenschaftlichen und politischen Einflussmöglichkeiten auf ihr Herkunftsland optimal nutzen.

Nach den Bereichen der Kunst und Wissenschaft soll hier auch die Religion als Beispiel angeführt werden. Während die etablierten Kirchen durch Erstarrung und Verarmung gekennzeichnet sind, entwickelt sich eine immer größere Szene der dialogzentrierten, pluralistischen Spiritualität. Weltweit werden Zentren gegründet, in denen sich vor allem christlich und buddhistisch orientierte Menschen zu

Meditation und Kontemplation zusammenfinden. Durch die spirituelle Praxis entsteht in diesen Gemeinschaften eine religionsübergreifende, dialogisch begründete Empathie, die auch eine gesellschaftspolitische Dimension hat, indem man die Erfahrungen in ein humanistisches und politisches Bewusstsein umzusetzen versucht.

In genau diesem Zusammenhang der Förderung von Empathie und grenzübergreifender Verständigung sehe ich das Engagement der Bundesrepublik Deutschland, indem sie 2016 das Haus meiner Familie im kalifornischen Pacific Palisades erwarb, um es zu einem Ort transatlantischer Begegnung und interdisziplinären Dialogs zu machen.

Die Hauptabsicht dabei ist, die Grundwerte einer freiheitlich-demokratischen Gesellschaftsordnung gegen weltweite nationalistische und fundamentalistische Strömungen zu verteidigen und damit zur Friedenserhaltung beizutragen. Meine Familie war 1938 in die USA emigriert, und ab 1942 war dieses Haus das Zentrum für ihren leidenschaftlichen Kampf in einem damals weitgehend von freiheitlicher Toleranz geprägten Land gegen den deutschen Faschismus. Thomas Mann verfasste hier seine zahlreichen Radioansprachen für Amerika und nach Deutschland, von hier brach er zu seinen alljährlichen, manchmal sogar Monate dauernden Vortragsreisen quer durch die USA auf, und hier entstand sein durch das amerikanische Exil geprägte große Alterswerk. Dabei evozierte er immer wieder seine Vision von einer übernational verbundenen Welt ohne trennende Grenzen und Kontinente. Als dann allerdings sehr bald nach dem Krieg, bedingt durch den Vormarsch des Kommunismus in Osteuropa und bald darauf in China, in Amerika eine geradezu paranoide Kommunistenangst überhandnahm, die sich besonders gegen Intellektuelle, Künstler und Wissenschaftler im Land richtete, brachen auch für meine Familie immer schwierigere und belastendere Zeiten an. Thomas Mann und vor allem seine älteste Tochter Erika gerieten ins Visier einer sich immer bedrohlicher ausbreitenden hysterischen Kommunistenjagd, angeführt von dem berüchtigten republikanischen Senator Joseph McCarthy und dem amerikanischen *Committee on Un-American Activities* (Komitee gegen unamerikanische Umtriebe). Diese Angriffe uferten in einem antidemokratischen Klima von Denunziation und Bespitzelung zunehmend in Verfassungsverletzungen, Vorladungen, Verhöre und Inhaftierungen angeblicher Kommunisten aus. Als Thomas und Erika Mann dadurch immer mehr in Bedrängnis gerieten und die Situation für meine Familie immer unerträglicher wurde, sah sie Anfang der Fünfzigerjahre keinen anderen Ausweg mehr, als ihre neuerworbene amerikanische Exilheimat wieder zu verlassen und nach Europa zurückzukehren. Trotz Thomas Manns ausdrücklichem Wunsch nach einer Rückkehr »in die alte Erde« wurde die nicht mehr weiter aufzuschiebende Neuansiedlung in der Schweiz, nach Thomas Manns verzweifelten Tagebucheintragungen zu urteilen, für ihn auch zu einer Art *zweitem Exil* in seinem Leben.

Jetzt, an die siebzig Jahre später und in einer weltweit kaum weniger gefährlichen Zeit als damals, hat die deutsche Bundesregierung dieses einstige »Weiße Haus des Exils« zu einer transatlantischen Begegnungsstätte umgewidmet. Dort soll ein von Experten geführter interdisziplinärer Austausch den konflikthaften Polarisierungen zwischen Europa und den USA entgegenwirken und die Fundamente der Demokratie erneuern und festigen. Ein besonderes Gegengewicht soll das Residenzprogramm dieses Hauses wohl auch gegen die gegenwärtige hochproblematische Administration und präsidiale Führung der USA setzen. Diese Führung stellt das Spiegelbild eines Landes und seiner jahrzehntelangen schwierigen Entwicklung dar und zeugt von dem kritischen Zustand, in dem es sich sowohl in politischer als auch geistig-kultureller Hinsicht befindet. Dies wiederum verlangt besondere Gesprächsbereitschaft und kommunikative Kompetenz aller Counterparts. Dazu kommt, dass dieses Problem auch nach einer hoffentlich baldigen, dringend nötig gewordenen personellen Ablösung dieser Administration keinesfalls aus der Welt geschafft sein dürfte. Denn es war eben die heutige amerikanische Bevölkerung, die in Wahlen, deren Manipulationsgrad wir heute nur ahnen können, einen Popanz zum Präsidenten wählte, dessen gemeingefährliche Verachtung von Anstand, Wahrheit, Kultur und Menschenwürde in der amerikanischen Geschichte ohnegleichen ist. In dieser Situation sind die Ansprüche, die die deutsche Bundesregierung an die von ihr geschaffene Begegnungsstätte stellt, gewiss nicht leicht zu bewältigen. Außerdem steht der geforderte transatlantische Dialog, der unter den Vorzeichen einer offenen Gesellschaft stattfindet, auch symbolisch und vorbildhaft als Aufruf für heute weit darüber hinausgehende *transkontinentale Dialoge*, welche einer globalen Friedenswahrung und der Förderung eines kollektiven Verantwortungsbewusstseins gegenüber unserem kranken, immer dichter bevölkerten und ausgebeuteten Planeten dienen sollten.

Auch unser Europa, blühend und ökonomisch stark wie schon lange nicht mehr, droht aus allen Richtungen, teilweise auch von innen, von giftigen antidemokratischen Strömungen umspült und unterwandert zu werden. Umso mehr müssen wir alle unsere verbleibenden, aus unserer besonderen kulturellen Tradition bezogenen Kraftreserven aufbringen, um gegenüber diesen Strömungen zu bestehen.

Montag, 5. März 2018

»Fif-teen Fif-ty San Re-mo Drive … Fif-teen Fif-ty San Re-mo Drive«, musste ich ihr so oft wiederholen, bis sie endlich davon abließ, mit besorgtem Gesicht und mit ihrer dunklen, herben Stimme weiter auf dem Aufsagen meines Sprüchleins zu insistieren. Irgendwann schien sie beruhigt zu sein, gab mir den obligaten, liebevollen Gutenachtkuss, löschte das Licht und verließ das Zimmer.

Ich muss vier oder fünf Jahre alt gewesen sein, als mir meine Großmutter einmal beim Gutenachtsagen im Haus in Pacific Palisades dessen Adresse eingeschärft hat für den Fall, dass ich mich eines Tages außerhalb des Grundstücks verirren und nicht mehr zurückfinden sollte. Sie hielt mich dazu an, in einem solchen Fall den Namen der Straße und die Hausnummer hilfsbereiten Erwachsenen zu nennen, damit man mich wieder nach Hause bringen könne.

Jetzt, da ich rund siebzig Jahre später am frühen Vormittag zum ersten Mal das Grundstück wieder betrete, muss ich zuallererst an diese Begebenheit denken. Ich kehre in dieses Haus zurück, um meine Gedanken über seine Geschichte und zukünftige Nutzung zu sammeln, um erste Dialoge zu ersinnen, die hier stattfinden könnten. Ich bewege mich auf einem Terrain zwischen Vergangenheit und Zukunft, zwischen einer Baustelle und der Fiktion eines vollendeten Umbaus. Ich hoffe darauf, trotz der vielen Umgestaltungen und Renovierungen in Haus und Garten noch das eine oder andere erkennbare oder gar unveränderte Detail wiederzuentdecken. Für mich erleichternd ist, dass die deutsche Bundesregierung bei den nach dem Erwerb dieses Hauses vorgenommenen Umbaumaßnahmen darauf bedacht war, alle baulichen Veränderungen seit den Fünfzigerjahren, also nach dem Verkauf des Hauses durch meine Familie, soweit wie möglich wieder rückgängig zu machen. Das Thomas-Mann-Dialog- und Begegnungszentrum, das in wenigen Monaten eröffnet wird, sollte möglichst in den Originalzustand des Hauses bei seinem Erstbezug 1942 zurückversetzt werden. Eine unwichtige Neuigkeit ist ferner, dass der Name der Straße im »Riviera-Viertel«, das sich in Hanglage über dem Pazifik befindet und lauter mediterrane Straßennamen wie Amalfi, Capri, Monaco und Sorrent vereint, inzwischen zu »N. (North) San Remo Drive« geändert wurde.

Ich betrete die unveränderte Einfahrt zum Haus mit dem Autoabstellplatz. Wie ich schon gehört habe, und es wirkt auf mich trotzdem wie ein überraschender Blickfang, wurde die frühere Garage vor dem Haus zu der mit großen Fenstern versehenen und sehr repräsentativ wirkenden, büroartigen Administration bzw. zum Empfang des neuen Thomas Mann House umgebaut. Das Haus selbst sieht in seiner Grundform jedoch auf Anhieb unverändert aus. Wie früher führen mich meine Schritte wie automatisch zu dem schmalen Laubengang, der noch immer mit den originalen terrakottafarbenen Steinplatten bepflastert ist, und dicht an der Hausmauer entlang zur Eingangstür.

Dort bleibe ich mit einem gewissen Herzklopfen kurz stehen, als mir wieder bewusst wird, wie häufig ich früher

Abb. 1 Frido Mann an der Einfahrt des Hauses 1550 N. San Remo Drive, März 2018

das Haus durch diese Tür betreten habe. Dann ziehe ich den Hausschlüssel, der mir gestern vom neuen Programmdirektor der Residenz übergeben wurde, aus der Tasche und sperre die Tür auf. In dem mir im Wesentlichen unverändert vorkommenden Eingangsbereich des Hauses, in dem sich mir als Kind immer zuerst die Hutablage und der hohe Ständer mit an die zehn großväterlichen Spazierstöcken präsentierte, müssen sich nach dem starken Sonnenlicht meine inzwischen empfindlichen Augen länger als früher an die Dunkelheit gewöhnen. Erst als ich die Konturen der großzügig breit angelegten Rundtreppe in die obere Etage entdecke und sich mir immer deutlicher zeigt, dass diese seit den vierziger Jahren völlig unverändert geblieben ist, merke ich, wie mein Herzklopfen nachlässt und dass mich plötzlich ein Gefühl von Beruhigung, ja von Geborgenheit überkommt. Für Sekunden ist mir fast so, als würde ich nach Hause zurückkehren.

Eigentlich habe ich mir vorgenommen, als Erstes die unteren Räume, das ehemalige Wohn- und Esszimmer und dann womöglich auch Thomas Manns etwas abgelegenes Arbeitszimmer aufzusuchen. Aber da mich der vertraute Anblick dieser Treppe wie ein Magnet anzieht, steige ich zuerst in die obere Etage. Während ich, wie in meiner Kindheit hunderte Male, Stufe für Stufe im Halbkreis hinaufgehe, hält mein Gefühl von Sicherheit und Geborgenheit weiter an. Oben angelangt, erblicke ich den langen, schmalen Korridor zwischen der durchgehenden Fensterfront und den Türen zu den früheren Schlaf- und Arbeitszimmern.

Trotz seines Alters kommt mir das Haus durch den eben abgeschlossenen Umbau ähnlich neu vor wie früher, als ich wiederholt während mehrerer Monate im Jahr in dem Neubau lebte. Dazu passt, dass ich während meiner frühesten Jahre fast unablässig bei meiner Großmutter darum bettelte, mir minutiös die einzelnen Schritte eines Hausbaus von der Planung durch einen Architekten bis zur Fertigstellung zu schildern, was sie auch immer bereitwillig tat. Die Vertrautheit der von mir eben beschrittenen Treppe ruft gerade diese Erinnerung verstärkt in mir wach. Dass meinen Großeltern ursprünglich die sehr viel näher am Meer gelegene prachtvolle Villa Aurora, der innen etwas dunkel wirkende altspanische Palast, zum Verkauf angeboten worden war, den dann stattdessen Lion Feuchtwanger erwarb (die heutige

Künstlerresidenz), während die Manns lieber ein kleineres, aber dafür wohnlicheres Haus selber bauen lassen wollten, habe ich erst sehr viel später erfahren.

Oberhalb der Treppe links müsste das frühere Schlafzimmer meiner Großmutter mit dem angrenzenden Bad gewesen sein, in dem sie mir während meiner frühesten Jahre täglich beim morgendlichen und abendlichen Waschen, An- und Auskleiden half. Doch ich finde mich nicht zurecht, finde, wahrscheinlich vor lauter Aufregung, nicht die Türe zum großmütterlichen Reich und gehe in einer offenbar neu erschlossenen Fortsetzung des Korridors in die Gegenrichtung, wo ein neuer schmaler Gang die Fensterfront entlangführt und ich auf eine neu eingebaute Türe stoße. Dahinter erwarte ich eigentlich einen kleinen Raum, weil ich weiß, dass das Vorstellungsvermögen im Rückblick alles verkleinert. Doch zu meiner Überraschung betrete ich ein großzügiges Zimmer, das mich verwirrt innehalten lässt. Dann wird mir, aufgrund des Umbauplans, der mir mitgegeben wurde, deutlich, dass ich mich hier im Bereich des Großvaters befinde, der früher nur durch den Raum der Großmutter erreichbar gewesen war sowie über eine kleine Wendeltreppe von unten, die jedoch nicht mehr existiert. Der neue Zuschnitt wirkt deshalb so geräumig, weil ein großer Teil der früheren Dachterrasse zum Innenbereich dazugeschlagen worden ist. Zusammen mit dem neuen und größeren Bad ist so eine großzügige Wohneinheit mit Schlaf- und Arbeitsplatz geworden. Das ehemalige Schlafzimmer Thomas Manns wird mit Bestimmtheit die begehrteste Unterkunft für die Stipendiaten werden.

Aber wie komme ich jetzt weiter zum Schlafzimmer und Bad meiner Großmutter? Wegen der jetzt fehlenden direkten Verbindung muss ich den Weg zurück in Richtung Treppe gehen. Dort findet sich nach einigem Suchen schließlich doch eine Türe in den gesuchten Bereich. Nicht meine verkleinernde Erwachsenenperspektive verzerrt hier die Dimensionen, dieser Raum ist objektiv kleiner und neu zugeschnitten, so dass sich das lichte und hübsche Zimmer der Großmutter – mit dem Renoir-Druck über dem Bett und dem mit einem Wust von Briefen beladenen Schreibtisch am Balkonfenster – kaum darin erkennen lässt. Eine neue Türe führt jetzt in das noch kleinere Nachbarzimmer, in dem seinerzeit meine Onkel Klaus oder Golo gewohnt haben. Zusammen mit einem neu eingebauten Bad bilden diese beiden Einheiten die Unterkunft für den zweiten Stipendiaten. Das helle, mit Fenster versehene Bad meiner Großmutter, das ich als Kind täglich benutzte, ist nicht mehr vorhanden.

Von dem starken Lichteinfall im Badezimmer, der sich in meinem Gedächtnis festgesetzt hat, lasse ich mich jetzt bei meiner fortgesetzten Suche in diesem mich zunehmend verwirrenden Umbau-Labyrinth leiten. Denn diese Erinnerung, ein Gedanke, eine unterschwellige Erkenntnis, die etwas mit dem Licht im Bad zu tun hat, lässt mich nicht mehr los. Dabei fällt mir wieder ein, dass bei gutem Wetter im Frühjahr und Sommer die Morgensonne durch das Fenster flutete. An einem Tag wie heute müsste die Stelle in südöstlicher Ausrichtung leicht zu finden sein.

Deswegen kehre ich nun auf den Flur zurück und wende mich wieder der neuen Wohneinheit zu, die aus Thomas Manns früherem Zimmer gewonnen wurde. Hier bleibe ich stehen. Hier, ganz am Anfang des neuerschlossenen Ganges unter den Fenstern muss sich »mein« früheres Badezimmer befunden haben. Und hier stand die Badewanne, davor das Waschbecken und weiter links war das Fenster, durch das immer das starke Licht einfiel.

Abb. 2 Katia und Thomas Mann mit ihren Enkeln Toni und Frido auf der Terrasse in Pacific Palisades, ca. 1945

Stimmt das alles? Oder habe ich mich jetzt bei dem Ganzen möglicherweise zu sehr von der symbolischen Verbindung zwischen Großmutter und Licht leiten bzw. *ver*leiten lassen?

Doch dann leuchtet plötzlich in mir das so inständig und unbeirrbar gesuchte Licht auf. Eine Erinnerung. Eine Erinnerung genau an dieser Stelle des vermuteten Badezimmers. Es muss meine allererste Erinnerung überhaupt gewesen sein. Eine Erinnerung von mir als knapp Vierjährigem – in diesem Haus und in diesem Badezimmer. Die damalige Tageszeit wird etwa dieselbe gewesen sein wie jetzt. Nur war es nicht Frühling, sondern Hochsommer. Und zwar am 21. Juli 1944.

Ich stand im sonnendurchfluteten Bad irgendwo zwischen der großen Badewanne und dem Waschbecken. Und ich dachte gerade daran, dass gestern unser bösartigster und gefährlichster Feind in Deutschland getötet werden sollte und dass es viele Tote und Verwundete gab, aber es nicht denjenigen getroffen hatte, der beseitigt werden sollte, und dass allein schon der Versuch, ihn zu töten, eine großartige Tat gewesen war. Noch klangen in mir die fieberhafte Anspannung und das Wechselbad der Gefühle nach, welche am vergangenen Nachmittag und Abend unser Haus beherrscht hatten. Nach meiner vagen Erinnerung war darüber im Familienkreis aufgeregt gesprochen und viel telefoniert worden, und es kam auch mal ein Besuch, der ähnlich aufgeregt wirkte wie meine Großeltern. Das Ganze blieb für mich trotzdem ungreifbar und verschwommen, sozusagen eine atmosphärische Wahrnehmung. Es fühlte sich jedoch an wie ein aufrüttelndes Ereignis, in dem Helden aufgetreten sind, die alle Menschen auf der Welt von dem abscheulichen Ungeheuer befreien sollten und wollten. Aber in mir schwang aus Bemerkungen vom vergangenen Nachmittag oder Abend auch die Enttäuschung meiner Großeltern, Eltern und sonstigen Anwesenden wegen des fehlgeschlagenen Hitler-Attentats nach, vermischt jedoch mit der einhellig ausgesprochenen und ungeduldig drängenden Gewissheit, dass es bis zum Ende der Schreckensherrschaft in Deutschland nicht mehr lange dauern könne.

Ich bleibe noch einen Augenblick stehen. Dann entferne ich mich wieder von dieser erinnerungsträchtigen Stelle in dem neuen schmalen Gang und begebe mich zurück zur Treppe. Und jetzt? Ich bin unschlüssig, ob ich als Nächstes wieder hinuntergehen soll, ins Wohnzimmer, in dem an jenem 20. Juli alle im Haus so aufgescheucht und aufgeregt gesprochen haben.

Nein. Mein Kinderzimmer am anderen Ende des Flurs zieht mich stärker an. Auf dem Weg dorthin stelle ich fest, dass die Anordnung der Türen zu den neuen Wohnräumen ebenfalls verändert wurde. Vor allem kann ich am Ende des Korridors die Türe nicht mehr finden, die in mein einstiges Kinderzimmer führt. Ist das Zimmer vielleicht den Umbaumaßnahmen des Hauses zum Opfer gefallen?

Im ersten Moment habe ich das Gefühl, als würde mir der Boden unter den Füßen entgleiten. Mir schwant, dass mein ehemaliges Reich den neuentstandenen Wohnräumen zugeschlagen, um nicht zu sagen: von ihnen verschluckt wurde, ähnlich wie das ehemalige Zimmer meiner Onkel und das Schlafzimmer meiner Großmutter. Mir ist zumute, als wäre ich zu spät gekommen, um mich von meiner einstigen kleinen nächtlichen Schutzburg zu verabschieden. In diesen wenigen Sekunden, in denen mir alle diese Vermutungen und Ängste durch den Kopf jagen, tut sich vor mir ein Vakuum auf, ein Loch anstelle des möglicherweise verlorengegangenen, wegrationalisierten, ins Nichts verschwundenen Orts von Kindergeborgenheit, von abendlichen, den Tag abrundenden oder rückblickenden, Unerledigtes reflektierenden Gutenachtgesprächen, verbunden mit liebevollen Einschlafwünschen, zu denen manchmal auch noch das imaginierte Ankurbeln meines Bettes durch meinen Onkel Golo für den Flug ins Traumland gehörte.

Am Ende des Korridors angelangt, stelle ich jedoch zu meiner Erleichterung fest, dass die Türe zu meinem einstigen Kinderzimmer so weit offen steht, dass ich sie von weitem gar nicht erkennen konnte. Ich betrete jetzt »mein« Zimmer, das inzwischen mit dem früheren Schlafzimmer Erikas zu einer neuen Wohneinheit für den dritten Stipendiaten verbunden wurde und in Zukunft als dessen Arbeitszimmer dienen soll. Größe und Schnitt sind unverändert, nur ist das Zimmer heller durch den Einbau eines zusätzlichen seitlichen Fensters. Aber wenn ich schon einmal hier bin: Meine Erinnerung an meine beiden verschiedenen altersgerechten Betten ist leicht abzurufen. Das früheste Bettchen mit dem Holzgitter stand an der Wand, an der jetzt das neue Fenster eingebaut ist. Die Erinnerungen daran sind schemenhaft. Anders dann das Bett für den »großen Jungen« ab vier oder fünf. Dort lag ich, als ich meiner Großmutter unsere Wohnadresse wiederholen musste, und dort war es, wo mir meine Tante Erika nach einem der erzählungsreichen Nachmittage bei ihr nochmals den Abschuss deutscher Jagdflugzeuge durch englische Spitfires über London demonstrieren musste. Das Bett stand an der Wand gegenüber dem alten Fenster zum Autoabstellplatz. Nach so langer Zeit berührt mich eine Tagebucheintragung meines Großvaters vom 17. Oktober 1946 immer noch tief: »Ging abends hinauf u. sah nach den Kindern, da Frido geweint hatte. Er schlief. Knöpfte dem Kleinen den Pyjama zu.«

Die fünf voneinander getrennten Schlafzimmer, die sich damals auf der oberen Etage befunden haben, sind also im Zuge des Umbaus zu drei größeren, jeweils mit einem geräumigen Bad versehenen Wohneinheiten verbunden worden. Der Wohnraum für den vierten Gast der Residenz befindet sich unten in einem neuen Anbau im Garten etwa auf der Höhe der Küche, die sich unverändert auf der Seite der Hauseinfahrt befindet, und ein zusätzlicher Anbau für eine fünfte Unterkunft soll später anderswo auf dem Gelände gebaut werden.

Nachdem ich mich von meiner anfänglichen Verwirrung und Verunsicherung wieder beruhigt habe, möchte ich eine Weile in meinem ehemaligen Kinderzimmer verbringen und in mich hineinhorchen, meinen Gedanken und Gefühlen freien Lauf lassen. Vor allem beim Einschlafen und Aufwachen scheinen sich durch die Atmosphäre im Haus und durch Gesprächsfetzen viele Erinnerungen schon während der frühesten Kinderjahre festgesetzt zu haben. Die Tagesgespräche in diesem Haus und deren zahlreiche wirren und für alle aufregenden Inhalte waren durch meine halbtauben Kinderohren gesickert und hatten sich in meinem Unterbewusstsein eingenistet. Vieles davon hatte ich vermutlich auch aus den Mienen meiner Großeltern und meiner Onkel und Tanten oder deren Besuchern abgelesen, oder sie lagen sonst irgendwie in der Luft.

Hier im oberen Stockwerk greife ich jetzt nach meinen irgendwo umhergeisternden Einschlaf- und Aufwach-Gedankenfragmenten, Kinderahnungen und Vorformen etwaiger Vorstellungen, lasse sie in alle Richtungen schweifen, wobei ich es jetzt nicht allzu genau nehme, ob das im Alter von knapp vier, fünf oder sechs gewesen sein mag oder ob ich jetzt meine mir selbst zugeschriebenen damaligen Gedanken und Gefühle nicht auch mit nachträglichen Überlegungen und Gedankenfetzen vermische. So jedenfalls stelle ich mir jetzt vor, dass ich dort am Ende des Korridors in den Hochsommermonaten während des ausgiebigen Besuchs meiner Familie aus Mill Valley manchmal zuerst die Begrüßung der Besucher und dann aus der Ferne leise Musik hörte, an der auch gelegentlich mein Vater als Bratschist mitwirkte. Da war doch noch der im letzten Kriegsjahr angeschaffte Flügel, der im Living Room stand und auf dem manchmal auch Besucher Konzerte gaben oder auf dem vierhändige oder sonstige Hausmusik erklang. Auch der Hausherr spielte gelegentlich ein bisschen auf ihm herum und suchte einige Akkorde aus Wagner-Opern zusammen. Außerdem erinnere ich mich noch genau an die zeitweise fast täglichen Spaziergänge mit meinem Großvater vor dem Mittagessen, zuerst den Monaco Drive entlang und dann, über eine kleine Querstraße, zum Amalfi Drive, auf dem man eine knappe halbe Stunde später das frühere Familien-Haus erreichte. Ich weiß aus dem Tagebuch, dass mein Großvater mit den regelmäßigen Spaziergängen »zum alten Haus« etwa ein Jahr vor Kriegsende begann. In diesem »alten Haus«, 740 Amalfi Drive, hatten meine Großeltern vor dem Einzug in das hiesige, neu fertiggestellte Haus zur Miete gewohnt, und ich hatte dort noch als anderthalbjähriger Knirps meine erste Weihnacht allein bei meinen Großeltern verbracht. Dabei denke ich jetzt, dass es irgendeinen für mich unerfindlichen Grund dafür gegeben haben muss, dass bei Thomas Mann in dieser Zeit plötzlich ein bis zur Rückkehr nach Europa anhaltendes Interesse an seinem ersten kalifornischen Domizil, das er nach dem Wegzug aus Princeton bezogen hatte, geweckt worden war. Ein weiterer, auch in Thomas Manns Tagebuch festgehaltener und mich verblüffender Bericht meiner Großeltern, der von einem Ereignis im selben Sommer oder Frühling 1944 handelt, hat sich mir so tief eingeprägt, dass ich mir fast einbilde, diese Episode selbst miterlebt zu haben. Bei einem der Spaziergänge hielt plötzlich ein Polizist das auf seinem Spaziergang in Hausnähe vernehmbar Deutsch sprechende Ehepaar Katia und Thomas Mann an und teilte den beiden zu deren Verblüffung mit, es sei jetzt, während des Kriegs gegen Deutschland, verboten, in der Öffentlichkeit Deutsch zu sprechen! Und obwohl ich heute weiß, dass ich am 6. Juni 1944, dem neunundsechzigsten Geburtstag meines Großvaters und zugleich dem Tag der Invasion in der Normandie, nicht in Pacific Palisades gewesen bin, komme ich immer wieder in Versuchung, mir einzureden, ich hätte an jenem Morgen, als alle im Haus schon ganz früh nach der Zeitung griffen, die von der Landung bei Cherbourg berichtete, genau beobachten können, wie Thomas Mann, laut Tagebucheintrag, frühmorgens in seinem roten Sommermorgenmantel mit fast feierlicher Miene auf die Terrasse vor seinem Schlafzimmer trat und dort lange und glücklich versonnen in den gerade aufklarenden Morgennebel hineinblickte. Thomas Mann empfand diese Invasion, nach den Jahren seines oft geäußerten Verzagens und zermürbenden Bangens und Hoffens auf den endlichen Zusammenbruch des Nazireichs, als Wende und als entscheidenden und befreienden Einschnitt. Die ganzen nachfolgenden Monate bis zum Kriegsende fühlte er sich entspannter und vermochte sich noch mehr auf die Niederschrift seines auch vom Untergang Deutschlands handelnden Romans *Doktor Faustus* zu konzentrieren. Auch die bei Kriegsende und im Sommer davor vermehrt stattfindende Hausmusik im Living Room glaube ich der sich damals langsam entspannenden Situation und der optimistischer werdenden Stimmung zuschreiben zu können.

Meine erste, nur schemenhaft vorhandene und mich innerlich gleichzeitig aufrüttelnde Erinnerung an die enttäuschte, aber doch letztlich zuversichtliche Stimmung im Haus am Morgen nach dem missglückten Hitler-Attentat ist für mich ein wichtiger Einschnitt in meinem frühesten Leben geblieben. Dies hat mich dazu veranlasst, in allen mir zugänglichen Dokumenten den Spuren von Thomas Manns unermüdlichem Wirken gegen Hitler-Deutschland besonders von Kalifornien aus nachzugehen. Ich erblicke in diesem Wirken so etwas wie eine Folie, ein zu beherzigendes Fundament für das von der deutschen Bundesregierung initiierte und im Haus bald beginnende transatlantische

Dialog- und Residenzprogramm. Hat sich die Bundesregierung damit doch eine weitere Festigung unserer über Jahrzehnte auch in Deutschland etablierten demokratischen Gesellschaftsordnung gegen alle immer wieder bedrohlich aufkommenden nationalistischen und fundamentalistischen Tendenzen zum Ziel gesetzt.

Während ich meinen Blick durch das Korridorfenster hinaus ins Freie schweifen lasse, rufe ich mir in Erinnerung, dass in der Nähe des Haupteingangs, wo ein Autoabstellplatz vorgesehen ist, schon damals die Autos der Besucher oder der Kinder gestanden haben. Und außerhalb des Grundstücks, wo heute eine vornehme Villa neben der anderen steht, erstreckte sich damals ein weites Feld aneinandergereihter Zitronenbäume, zu denen wir Kinder uns manchmal, eine Hecke durchschreitend, hinaus wagten und neugierig die anscheinend nie endenden Plantagen besichtigten. Jetzt trennt eine undurchdringliche Hecke mit Zaun das Thomas Mann House hermetisch von der Nachbarvilla ab.

Interessanterweise zeigt eine Luftaufnahme von Pacific Palisades aus dem Jahr 1932, also zehn Jahre vor dem Einzug Thomas Manns in sein Haus, dass die weiten nachbarschaftlichen Zitronenplantagen auf der Ostseite des Hauses aus der Zeit meiner Kindheit nur noch ein winziger Rest der früheren ausgedehnten Plantagen waren. Pacific Palisades bestand bis in die dreißiger Jahre und bis zum Beginn des Hausbaus im Sommer 1941 fast nur aus einer einzigen, sich in alle Richtungen, auch zum Pazifik hin, wie endlos erstreckenden Zitronenfarm. Unser späteres Grundstück befand sich mitten in dieser Farm, in der nur ganz vereinzelt und wie dazwischengesprenkelt zum Teil sehr alte Wohnhäuser standen. Was für eine Vorstellung, dass an dem Ort, an dem

*Abb. 3 Umgeben von Zitronenbäumen:
Das Thomas-Mann-Haus 1942*

später über lange Zeit so viel große Weltliteratur geschrieben wurde, noch etwa zehn Jahre vorher ein Zitronenbaum neben dem anderen gestanden hatte. Das erinnert mich unweigerlich an die Geburt von Thomas Manns Mutter mitten im brasilianischen Urwald.

Aber ich muss auch wieder an die vielen öffentlichen Reden Thomas Manns während des Krieges denken. Zu den bekanntesten gehört der dringende Appell an die in Deutschland gebliebenen ehemaligen Landsleute durch die zwischen Oktober 1940 und Mai 1945 monatlich über die BBC London nach Hitler-Deutschland ausgestrahlten Radioansprachen *Deutsche Hörer!* In diesen Sendungen suchte Thomas Mann seine Hörer mahnend zum Widerstand gegen Hitler und dessen verbrecherisches Regime zu bewegen, weil deren Ideologie und Propaganda ihr eigenes ursprüngliches Verständnis von Freiheit, Vaterlandsliebe und

Menschenwürde grundlegend verfälsche. In Europa sehr viel weniger bekannt sind die Aufrufe Thomas Manns an die Menschen in seinem amerikanischen Exil während der regelmäßigen sogenannten »Lecture Tours«. Diese Vortragsreisen erstreckten sich zwischen 1941 und 1943 jeweils auf bis zu zwei Monate und führten teilweise im Nachtzug von Stadt zu Stadt, wo Thomas Mann – ganz im Sinne von Präsident Roosevelt – seine amerikanischen Zuhörer leidenschaftlich beschwor, ihre mehrheitlich (etwa 80 %) isolationistische Haltung aufzugeben und endlich in den Krieg gegen das deutsche Naziregime einzutreten.

In diesem Zusammenhang empfinde ich auch die Tagebucheintragungen Thomas Manns zum politischen Tagesgeschehen während der frühen Kriegsjahre als überaus aufschlussreich. Vor allem seine ohnmächtige Wut und seine Angst vor dem während der nazideutschen Anfangsoffensiven noch fast ungehindert mordenden Führermonster, dem er Ende 1941 die Apostrophierung »Mist-Gehirn« zuteilwerden ließ und das er kurz danach als »Dumme Kröte« bezeichnet: »wann wird sie zertreten« (3. 10. und 22. 12. 1943). Und kurz nach der ersten entscheidenden deutschen Niederlage in Stalingrad Anfang 1943 beklagt er sich über »das geistige u. moralische Herunterkommen des Krieges, die neue katholisch-faschistische Axis etc.« (13. 3. 1943) Während er Ende Mai 1943 mit der Niederschrift des *Doktor Faustus* begann, drückt er vor allem in seinem Tagebuch immer häufiger seinen Ekel und seinen Widerwillen gegenüber dem ewigen Töten und seine Verzweiflung über das andauernde Leid aus, welches der Krieg hervorbringe, und zeigt sein Mitgefühl mit den vielen Bombenopfern (»Grauen, Gewalt und Verzweiflung«, 15. 3. 1943). Mir fällt beim Lesen seiner im Tagebuch festgehaltenen, fortlaufenden Frontberichte über Russland und Afrika auf, dass das von ihm geschilderte, spannende und quälende Hin und Her und Vor und Zurück in den jeweiligen Kampfgebieten sehr viel weniger rasch und glatt abgelaufen ist, als sich dies uns im heutigen Rückblick darstellen mag. Als hätte er den zähen und geradezu wahnsinnigen deutschen Verteidigungswillen sogar von Volkssturm-Kindern noch in den allerletzten Kriegstagen vorausgesehen, glaubte er bereits Mitte Juli 1944 wie in einem nachträglichen Rückblick resümieren zu können: »Man soll nicht vergessen und sich nicht ausreden lassen, daß der Nationalsozialismus eine enthusiastische, funkensprühende Revolution, eine deutsche Volksbewegung mit einer ungeheueren seelischen Investierung von Glauben und Begeisterung war.« (17.7.1944)

Dass selbst Thomas Mann, wie das Tagebuch ausweist, sich gelegentlich an haltlosen Gerüchten über eine Erkrankung Hitlers während der letzten Kriegsjahre festklammerte und sie als Zeichen für ein beschleunigtes Ende deuten zu können hoffte, zeigt mir, dass wir alle immer wieder der Versuchung widerstehen müssen, in einem katastrophalen Status quo jede auf Änderung hindeutende Schwankung voreilig und euphorisch als Zeichen eines baldigen Endes dieses Zustands zu deuten. Ein hochaktuelles, schlagendes Beispiel dafür sehe ich in dem albtraumhaften, geradezu absurden Wahlsieg Donald Trumps bei den amerikanischen Präsidentschaftswahlen Ende 2016, der uns alle zur Hilflosigkeit verdammt und zu falschen Hoffnungen bewegt. Aber wir müssen uns eingestehen, dass in Wirklichkeit dieser nie für möglich gehaltene Wahlsieg die Situation in Amerika und in der ganzen Welt erst einmal auf Jahre besiegelt hat. Gerade in der politischen Auseinandersetzung gegen anti- und undemokratische Verhältnisse sollten wir uns auf einen langen Atem oder, wie Max Weber es einmal formuliert hat, auf ein »Bohren von harten Brettern mit Leidenschaft und Augenmaß« einstellen. Das dürfte besonders für den oft wahrscheinlich viel Geduld und Durchhaltekraft erfordernden transatlantischen Dialog mit Gesprächspartnern auch aus politisch reaktionären oder gar fanatisierten Kreisen gelten.

Ich begebe mich nun durch den Flur zur Treppe und hinunter ins Erdgeschoss, um mir jetzt doch einmal den ehemaligen Living Room anzusehen, in der Hoffnung, dass es mir dort gelingen wird, meine Scheu vor den radikalen baulichen Veränderungen der mir von früher vertrauten Räume zu überwinden.

Ich öffne gegenüber der Treppe die Schiebetüre, die heute etwa doppelt so breit ist wie früher, und betrete den Raum. Dessen Schnitt ist nur dadurch verändert, dass die Wand zur »Porch« hin, wie die Gartenterrasse im amerikanischen Stil schon damals genannt wurde, leicht verschoben und der Raum dadurch vergrößert wurde. Auch sind die Fenster und Glastüren sowohl zur Terrasse als auch zum rückwärtigen Teil des Gartens jetzt sehr viel breiter angelegt. Dadurch müsste der Raum eigentlich noch viel heller wirken als früher, obwohl er nach meiner Erinnerung schon immer »kalifornisch« hell durchsonnt gewesen war. Dass der Unterschied nicht so augenfällig ist, liegt vermutlich an dem jetzt dichteren, lichtschluckenden Baum- und Heckenbestand im Garten. Jetzt, rund drei Monate vor der Wiedereröffnung des Hauses, ist dieser Gemeinschaftsraum für die Fellows noch provisorisch und notdürftig möbliert, da die endgültigen Möbel aus Deutschland erst wenige Wochen vor der Eröffnung eintreffen werden. Hier sollen in Zukunft auch öffentliche Veranstaltungen stattfinden. Für mich neu ist hier auf der Seite zur Treppe der vom Vorbesitzer eingebaute Kamin, der für die aktuellen Zwecke des Hauses belassen wurde.

Als ich mich auf einen der etwas wahllos herumstehenden Stühle möglichst weit hinten hinsetze, um den Raum bis zum angrenzenden Esszimmer besser zu überblicken, verwandelt sich in meiner Vorstellung nach und nach der heutige Anblick in die damalige Wirklichkeit, und ich glaube, mich für Augenblicke, wie so oft seinerzeit als Kind, in dem viel kultivierte Behaglichkeit ausstrahlenden Living Room meiner Großeltern auf dem hellen, blaugeblümten Sofa nahe der Glastüre zum hinteren Teil des Gartens zu befinden. Um den niedrigen Chippendale-Teetisch vor dem Sofa gruppiert sehe ich die hellgrauen, recht mächtigen Fauteuils, zur Linken den geschlossenen Flügel mit der buntgewebten Decke darauf und rechts an der Wand das in einem Schrank eingebaute Radio und Grammophon mit Plattenschrank voller Kurzspielplatten vor allem mit romantischen Liedern. Weiter vorn sehe ich die Türe zum Vorplatz. Und links zwischen der Schiebetür zum Esszimmer und der großen Porch stand immer der Weihnachtsbaum, ausnahmslos mit angezündeten Wachskerzen gegen jedes strenge feuerpolizeiliche Verbot, da sich die Manns dieses Stück deutscher Weihnachtstradition in keinem Exil nehmen ließen. Nicht einmal das zusätzlichen Glanz spendende Lametta durfte fehlen. Und da dieses in Amerika erst recht nicht zu beschaffen war, sammelte meine Großmutter das ganze Jahr über Schokoladen-Silberpapier und schnitt dieses für den festlichen Zweck in schmale Streifen.

Gleichzeitig mit dieser visuellen Rückkehr in die Vergangenheit leben in mir jetzt auch Stimmungsbilder von damals wieder auf. Gedanken und Gefühle. Dazu Sinneseindrücke wie charakteristische Gerüche, der Duft nach Zigarrenrauch und Eau de Cologne oder Veilchenduft, akustische Eindrücke, Stimmen, Schritte, Geräusche im angrenzenden Esszimmer. Dann regen sich in mir unterschwellig wiedererwachende Gefühle von damals und Andeutungen von schwer fassbaren Gewissheiten. Es sind offenbar Relikte, die in jenen frühesten erinnerbaren Jahren um das Kriegsende herum sich für mich langsam und unmerklich aus den vielen mich gerade in diesem Raum umbrandenden Gesprächen herausgefiltert haben. Sie haben mich in diesem formbaren frühen Kindesalter am stärksten unbewusst geprägt, weil sie von zwar verhaltenen, aber doch spürbar heftigen Emotionen erfüllt gewesen waren. Diese Erinnerungssplitter sind die solideste, tiefste und daher am stärksten gegen alles andere resistent bleibende Grundlage für spätere, vielleicht sogar im Widerspruch dazu stehende Erfahrungen. Aber auch wenn meine neuen, andersartigen Erfahrungen über die Jahrzehnte hinweg diese Urprägungen scheinbar abgelöst haben, so bilden sie doch den nur verdeckten Untergrund und die tiefste Schicht meines Bewusstseins, die sich nie vollständig aus meinem Kopf verbannen lässt.

Die unterschwellige Beherrschung durch diese ältesten Grundbilder und Grundanmutungen aus dem letzten Kriegsjahren spüre ich auch jetzt wieder, es sind Spuren derselben Mischung aus Wut, unsicherer Erleichterung und gleichzeitig Bewunderung wie bei dem missglückten Hitler-Attentat.

Diese fatal negativen Gefühlsqualitäten personifizierten sich in mir damals ganz und gar in »den Deutschen«, ich hatte diese amorphe Masse wie durch ein Brennglas hindurch im Fokus, wobei mir aus dem Mund meiner Großeltern kaum oder nur ganz selten die Bezeichnung »die Deutschen« in Erinnerung geblieben ist, sondern sehr viel eindeutiger die Bezeichnung »die Nazis« als ein entscheidender und besonderer Ausschnitt aus der »deutschen« Bevölkerung.

Vor allem nach dem Ende des Kriegs wurden all diese oben genannten Anmutungen und Grundbilder für mich immer bewusster und fassbarer und machten sich an immer konkreteren Ereignissen und Fakten fest, bis sie sich langsam mit neuen Erfahrungen verbanden und vermischten und schließlich über die Jahrzehnte zu verblassen und erst allmählich, jedenfalls aus den oberen Bewusstseinsschichten, zu verschwinden schienen.

Es muss kurz vor Präsident Roosevelts Tod im April 1945 gewesen sein, als ich mit meinen Eltern in Mill Valley bei San Francisco im Kino saß, wohin wir Kinder in Anbetracht der damals jedenfalls in Kalifornien nicht vorhandenen Altersbeschränkung für öffentliche Filmvorführungen und in Ermangelung eines Babysitters gelegentlich bedenkenlos mitgenommen wurden. Nach der Wochenschau mit dem Auftritt des irgendwelche Hände schüttelnden »Vice President Truman« folgte der Hauptfilm in Schwarzweiß, halb Love, halb Crime, wie immer mit einem »Bösen« und einem »Guten« darin. Und wie immer damals war der Böse für mich Vier-, Fünf- oder Sechsjährigen »der Deutsche«, dessen Redewendungen ich nach dem Kinobesuch mit groteskem deutschem Akzent und entsprechend hassverzerrter Miene imitierte. Ein anderes herausragendes Beispiel war zwei Jahre später die erste Schiffsankunft in dem von Görings Luftwaffe rundum zerbombten Hafen von Rotterdam, in den wir einfuhren. Ein totaler Schock für ein Kind, das zwar in Amerika schon mal ein brennendes und von der Feuerwehr gelöschtes Haus gesehen hatte, aber noch nie einen ganzen Kranz von Bombenruinen mit lauter schwarzen Fensterlöchern. Nach der Landung sah ich aus dem Fenster des Hafengebäudes unten auf der Straße eine von zwei Zoll- oder Polizeibeamten mit Schaftstiefeln eskortierte Dame. Nach meiner augenblicklich phantasierten Deutung wurde hier eine Nazifrau abgeführt, möglicherweise im Zusammenhang mit dem wenige Jahre zurückliegenden Bombenangriff auf Rotterdam. Diese Art von Wahrnehmungsverzerrungen milderten sich im Lauf der Jahre nur langsam, aber die Fixierung auf dieses Thema blieb lange bestehen. Dies war besonders der Fall im nach dem Krieg politisch belasteten österreichischen Salzkammergut, wo mein Vater in den frühen Fünfzigerjahren beruflich tätig war und ich als Zehnjähriger zweieinhalb Jahre lang eine dörfliche »Volksschule« besuchte. Dort bekam ich viel Hässliches aus der jüngsten Kriegsvergangenheit mit oder spürte es unterschwellig. Umso stärker litt ich gerade dort unter schmerzlichem Heimweh nach Amerika. Unvergesslich für mich ist der Augenblick, in dem eines Tages, als ich mich gerade im Ortszentrum befand, auf der noch vom Krieg schadhaften Dorfstraße eine Kolonne von Armee-Jeeps und -Lastwagen der amerikanischen Besatzer an mir vorbeifuhr. Wehmütig und feierlich zugleich ließ ich in strammer Haltung meine als Helden und Erretter verehrten, uniformierten und behelmten Landsleute an mir vorbeiziehen.

Zurück ins neue Thomas Mann House. Als ich hier im ehemaligen Living Room wieder kurz in die Gegenwart zurückschalte, werde ich geradezu von einer Art Galgenhumor übermannt, wenn ich mir den seit meinem Eintritt in dieses Haus kurz ausgeblendeten Abgrund der gegenwärtigen amerikanischen Wirklichkeit wieder in Erinnerung rufe und daran denke, dass es ausgerechnet die deutsche Bundesregierung mit höchstem Kräfte- und Kostenaufwand möglich gemacht hat, dass ich jetzt hier sitze – in einem demnächst zu eröffnenden Zentrum für einen Dialog zwischen Deutschland und den Vereinigten Staaten von Amerika »im Geiste Thomas Manns«, und zwar in dessen ehemaligem »Weißen Haus des Exils«, wie Frank-Walter Steinmeier es noch als Außenminister genannt hat. Man wäre versucht, das von der deutschen Bundesregierung umgewidmete Haus auch als »Exil« des heutigen Weißen Hauses in Washington anzusehen. Was für eine bemerkenswerte Umkehrung der Verhältnisse nach so vielen Jahrzehnten!

Ich erinnere mich, dass ich trotz meiner früh »eingeimpften« patriotischen Gesinnung die politische Stagnation Amerikas, die von meiner Familie schon bald nach dem Krieg immer häufiger beklagt wurde, zwar deutlich mitbekam, diese jedoch weitgehend ignorierte und erst viel später langsam nachvollziehen konnte. Die Wahl von John F. Kennedy 1960 zum amerikanischen Präsidenten empfand ich als geradezu erhebend und wertete das Ergebnis dieses von mir idealisierten Politikers als eine volle Bestätigung für ein letztlich doch verlässliches Amerika. Umso größer dann meine Erschütterung durch seine plötzliche Ermordung und die nachfolgende Talfahrt der Nation in dem desaströsen und sich am Ende als vergeblich erweisenden Vietnamkrieg. Und dass dieser Katastrophe ein Impeachment und schließlich der Rücktritt des ohnehin von Anfang an unerfreulichen Präsidenten Nixon auf dem Fuß folgten, empfand ich beinahe als logische Konsequenz. Eine leise Hoffnung auf eine Rückkehr in die guten Zeiten Amerikas weckte in mir der allerdings nur kurz aufflammende, bürgerkriegsähnliche

Aufruhr in ganz Amerika als Reaktion auf die Ermordung des verdienten Bürgerrechtlers und Antirassisten Martin Luther King kurz vor der Ermordung auch von John F. Kennedys jüngerem Bruder Robert. Dies machte mich rasch zum endgültigen Gegner des Vietnamkriegs, mit dem meine Distanzierung und Skepsis gegenüber meiner ursprünglichen, per Geburt erworbenen Heimat deutlich und bis heute irreversibel einsetzte. Gleichzeitig jedoch änderte sich auch meine Beziehung zu Deutschland, und zwar so weit in die Gegenrichtung, dass ich Mitte der sechziger Jahre den Sprung wagte, in München als amerikanischer und Schweizer Staatsbürger meinen Wohnsitz zu nehmen, dort zu studieren und zu allem auch noch zu heiraten und eine Familie zu gründen.

Etwa zehn Jahre nach dem erzwungenen Rücktritt Präsident Nixons war ich bei meiner inzwischen verwitweten Mutter in Nordkalifornien zu Besuch. Dort traf ich zufällig den ehemaligen Hausarzt meiner Eltern, einen deutsch-jüdischen Emigranten, der in seiner lebenslangen Dankbarkeit für die rettende Aufnahme in den Vereinigten Staaten in den späten dreißiger Jahren und in seiner grenzenlosen Loyalität auch die kleinste Kritik an seinem Land aufs heftigste abzuwehren pflegte und deshalb während der hitzigen Kontroversen um den Vietnamkrieg Ende der sechziger Jahre mit meinen andersdenkenden Eltern wiederholt heftig aneinandergeraten war. Umso mehr überraschte mich im Lauf unseres Gesprächs etwa fünfzehn Jahre später während der Amtszeit von Ronald Reagan, also nach Jimmy Carter und vor George Bush und Bill Clinton, seine wie nebenbei fallengelassene Bemerkung: »America is declining.« Dieser Einschätzung ausgerechnet aus seinem Munde maß ich ein so starkes Gewicht bei, dass sie mich eigentlich bis heute

Papi und ich waren zusammen mit Erich Kästner zweimal auf Vietnam-Demonstration in Schwabing ... Straße !!

wie ein Kompass begleitet hat. Dieses pessimistische Urteil erschien mir nicht nur damals, rückblickend auf die etwa fünfzehn vergangenen Jahre, äußerst zutreffend. Vielmehr erhielt es auch in den großen Linien der amerikanischen Politik im Lauf der kommenden Jahrzehnte bis heute eine immer traurigere Bestätigung. Staatenlenker wie Ronald Reagan (im Vergleich zum gegenwärtigen Präsidenten sicher noch eine überragende politische Persönlichkeit) und danach erst recht Bush Senior und noch viel schlimmer Bush Junior bewirkten, dass ich meinem endgültig verlorengegangenen »native country« nur noch still nachtrauerte, gelegentlich an die großen alten Tage mit Franklin D. Roosevelt dachte und mit dem Gedanken spielte, meine US-Staatsangehörigkeit zurückzugeben. Die völlig unverhoffte Wahl von Barack Obama erschien mir schließlich wie ein Geschenk des Himmels oder zumindest wie eine letzte Hoffnung. Diese hielt allerdings nicht lange vor, weil, wie ich eigentlich hätte wissen müssen, ein von George W. Bush moralisch und sozial bereits so tief heruntergewirtschaftetes Land selbst dann nicht mehr vernünftig regierungsfähig gewesen wäre, wenn ein Apoll vom Himmel herabgestiegen wäre. Selbst eine Lichtgestalt wie Obama bekam angesichts der mit den schmutzigsten Tricks operierenden und heißhungrig auf einen Machtwechsel lauernden republikanischen Opposition kein Bein mehr auf die Erde. Umso mehr sah und sehe ich in seiner praktisch erzwungenen großen Leistung des »Obamacare« das reinste Wunder.

Und in Europa? Und in Deutschland?

In Europa erlebte ich während der fünfziger- und sechziger Jahre den langsamen Wiederaufbau nach den Zerstörungen des Zweiten Weltkrieges mit. In ganz Europa und den USA entwickelte sich die sogenannte Achtundsechzigerbewegung, und trotz der überzogenen Visionen, die sich hier artikulierten, begrüßte ich die sich gleichzeitig formierenden weltweiten Proteste gegen Amerikas Vietnamkrieg. Dies war der Anfang meiner ernsthaft kritischen Haltung gegenüber meinem amerikanischen Geburtsland. Und es war überdies das Ende der Zeit, in der ich noch, wie vor allem als Kind, blauäugig der märchenhaften Überzeugung meines Schweizer Großvaters gefolgt war, dass Amerika der vor Menschenfreundlichkeit und Selbstlosigkeit glänzende und ewigen Dank verdienende Retter und Mäzen Europas und der Welt sei. Die kontinuierliche Entwicklung eines gesunden Selbstbewusstseins und einer zunehmenden Unabhängigkeit der westeuropäischen Staaten von der einstigen amerikanischen Siegermacht bei gleichzeitigen zaghaften Reformen im nachstalinistischen Ostblock während der siebziger Jahre entfremdete mich zunehmend von Amerika. Ich fasste in Deutschland beruflich, politisch und privat immer deutlicher und dauerhaft Fuß. Zu meinem Meinungsumschwung trug nicht zuletzt auch die langersehnte Ablösung der die deutsche Vergangenheit viel zu zögerlich aufarbeitenden schwarzgelben Regierungen Adenauers, Erhards und Kiesingers durch Willy Brandts sozialliberale Koalition bei sowie, nur ein Jahr nach Brandts Amtsübernahme, dessen Kniefall vor dem polnischen Mahnmal in Warschau als Geste der Demut und der Bitte um Vergebung. Diese Veränderungen veranlassten mich anderthalb Jahrzehnte später dazu, mich in Deutschland den länderübergreifenden Protestaktionen der »Ärzte für den Frieden« anzuschließen, als Mitte der achtziger Jahre von amerikanischer Seite beschlossen worden war, an der deutschen Grenze zum Eisernen Vorhang weitere auf die Sowjetunion und ihre SS-20-Mittelstreckenraketen gerichtete atomare Pershings zu stationieren.

Der wichtigste Einschnitt für mich war der wieder wenige Jahre später folgende Fall der kommunistischen Mauer zwischen West- und Osteuropa und die Auflösung des sowjetischen Machtimperiums. Besonders gespannt blickte ich dabei natürlich auf die Konsequenz dieser Veränderung für Deutschland. War doch dieses Land ein halbes Jahrhundert zuvor der ausschließliche, unrühmliche Grund gewesen für die folgenschwere Machtverschiebung in Europa, die immerhin der Hälfte des Kontinents leidbringende und die Menschenrechte schwer beschädigende kommunistische Diktaturen eingebracht hatte. Als bald klar wurde, dass als einzige sinnvolle Konsequenz des Mauerfalls die Auflösung des ostdeutschen Unrechtsstaates und damit die schon lange totgeglaubte Wiedervereinigung Deutschlands übrigblieb, spürte ich bald bei vielen das Aufkommen von Ängsten vor einem erneuten Wiedererstarken eines großen und vereinten Deutschlands. Zu meiner eigenen Verwunderung bemerkte ich jedoch rasch, dass ich diese Angst nicht teilen konnte, sondern im Gegenteil dadurch beruhigt war, dass jetzt endlich mit einem Friedensvertrag fünfundvierzig Jahre nach Kriegsende mit nicht mehr in Frage zu stellenden, endgültigen Ostgrenzen die politischen Verhältnisse in Deutschland klar waren und ein deutlicher Schlussstrich unter die Nachkriegszeit gezogen werden konnte. Auch wenn das Ende des Sowjetimperiums die wesentliche Voraussetzung gewesen war für diese grundlegende Änderung des deutschen Status, so war es doch besonders das Volk der DDR gewesen, welches mit seinem beharrlichen und mutigen Auftreten bei den »Montagsdemonstrationen« in Leipzig das Ende des kommunistischen Regimes wesentlich mit herbeigeführt hatte. Was mich dabei am meisten verblüffte und überzeugte, war, dass mit diesem mutigen Schritt breite Bevölkerungsteile in der »Deutschen Demokratischen Republik« ein in der deutschen Geschichte noch nie dagewesenes, für ganz Deutschland vorbildhaftes demokratisches Bewusstsein und eine fast heldenhafte Zivilcourage gegen ihr eigenes Gewaltregime an den Tag gelegt hatten. Dies erfüllte mich mit einem neuartigen Vertrauen und mit einer Hoffnung für die Zukunft dieses Landes, die ich in den vergangenen Jahrzehnten nie gekannt hatte.

Was meine Einschätzung dieser späten, umwälzenden politischen Erneuerungen betraf, so war es diesmal nicht der alte Hausarzt in Amerika, der für meine weiteren Beobachtungen gegenüber Deutschland das entscheidende Stichwort lieferte, sondern meine in Italien lebende Kusine Nica, die jüngere Tochter meiner Tante Elisabeth Mann Borgese. Bei einem unserer regelmäßigen Treffen, diesmal in der Schweiz und etwa zeitgleich mit dem Beginn der Kanzlerschaft von Angela Merkel, sprachen wir unter anderem über die damals immer noch problematische politische Situation Italiens während des sich glücklicherweise abzeichnenden Endes der Ära Berlusconi. Nica klagte über den ihrer Meinung nach seit jeher unzureichenden politischen Instinkt ihrer italienischen Landsleute, denen sie auf der anderen Seite eine umso größere soziale Kompetenz im Zusammenleben mit ihren Mitbürgern und insbesondere auch mit ihren Familienangehörigen bescheinigte. In Deutschland, so meinte sie, verhalte es sich umgekehrt. Das Sozialverhalten der Deutschen lasse ihrem Empfinden nach durchaus zu wünschen übrig, aber politisch habe sich im Lauf der sechzig Jahre nach Kriegsende doch unglaublich viel in Deutschland geändert. Schließlich kulminierte ihre Einschätzung in dem spontanen Ausruf: »Boy, they learned!« (Ich verständige mich noch heute mit meinen beiden Kusinen Nica und Angelica, wie schon während deren Besuchen als kleine Kinder aus Chicago im gemeinsamen großelterlichen Haus in Pacific Palisades, auf Englisch.) Für mich entscheidend war, dass diese Akklamation nicht von irgendeinem neutralen oder gar Deutschland gegenüber wohlwollend eingestellten Beobachter stammte, sondern von einem Mitglied jener Generation unserer Familie, die noch während des Krieges im amerikanischen Exil geboren und von Kindesbeinen an gegenüber Deutschland sehr negativ geprägt war. Diese Einschätzung meiner Kusine mag dazu beigetragen haben, dass ich meine 2012 zum zweiten Mal vorgenommene Niederlassung in meiner Vaterstadt München zusätzlich mit der eigentlich schon lange fälligen Annahme oder besser Wiederaufnahme der deutschen Staatsbürgerschaft gleichsam besiegelt habe. Auf dem Münchner Kreisverwaltungsreferat erklärte man mir auf meinen Antrag hin zu meiner großen Überraschung, die deutsche Staatsangehörigkeit meiner Familie, die uns die Nazis aberkannt hatten, sei längst wiederhergestellt worden, ein Antrag hierfür sei gar nicht mehr nötig!

Die deutsche Politik nach der Wiedervereinigung hat in den Jahren bis heute, besonders während der Kanzlerschaft von Angela Merkel, erkennbar zu einer weiteren Stabilisierung der Demokratie und der politischen Grundwerte wie Freiheit und Menschenrechte beigetragen. Diese Ära war gewiss nicht frei von schwierigen politischen und wirtschaftlichen Herausforderungen, insbesondere in der Flüchtlingsfrage, und es gab in unserer Republik immerhin auch einige ängstigende Rückfälle in ein rassistisch-nationalistisches Säbelrasseln seitens in der Tat höchst überflüssiger rechtsgerichteter Protestgruppen wie Pegida und einer neugegründeten, jetzt beschämenderweise sogar im Bundestag vertretenen fremdenfeindlichen und deutschtümelnden Partei. Dessen ungeachtet hat sich die Entwicklung in Deutschland – ganz im Sinne des Zurufs »Boy, they learned!« meiner Kusine Nica – weiterhin positiv fortgesetzt. Manchmal denke ich sogar, dass ein starkes und vorbildlich demokratisches Deutschland in der Mitte Europas insgesamt dazu beigetragen haben mag, im Jahr 2017 einen mit großen Ängsten verbundenen und nicht unrealistisch erscheinenden Wahlsieg der rechtsradikalen Parteien in Holland und Frankreich für die nächsten Jahre abzuwenden. Nicht zu verhindern war allerdings die besorgniserregende Entwicklung in einigen Staaten Osteuropas, vor allem in Polen, Ungarn und Tschechien. Hier etablierte sich geradezu blockartig eine isolationistische, ausgrenzende und zwanghaft fremdenfeindliche Politik mit gefährlich diktatorischen Zügen. Dies alles zeigt mir, dass der erfreuliche politische Verlauf der vergangenen Jahrzehnte in Europa alles andere als gefestigt ist und dass die weitere Entwicklung auf diesem Kontinent nicht zu denken ist ohne die globalen Verbindungen und vor allem nicht ohne die stabile Beziehung zu Amerika.

Auch wenn ich sicherlich das am nachhaltigsten mit Deutschland versöhnte Mitglied meiner Emigrantenfamilie bin, sei mir ein kritisches Wort erlaubt: Ich kann zwar die in Deutschland weitverbreitete Neigung, unübersehbare faschistische Entwicklungen im politischen Islam zu tabuisieren, angesichts der Geschichte Deutschlands im 20. Jahrhundert nachvollziehen. Ich kann jedoch angesichts der leidtragenden Opfer islamistischer Übergriffe in keiner Weise billigen, dass sich diese gewalttätigen, gegen Gleichheit, Frauenrechte und Liberalismus gerichteten Attacken radikaler Gruppierungen innerhalb und außerhalb Deutschlands wiederholen und als »politisches« Kampfmittel etablieren.

Wenn deutsche Bürger bei ihrem Blick auf die deutsche Vergangenheit vor der Ausübung einer unangemessenen Kritik an fremden Kulturen zurückschrecken, dann sollten sie sich wenigstens mit den Analysen kritischer Muslime auseinandersetzen. Ich denke dabei insbesondere an das überaus aufschlussreiche Buch von Zana Ramadani: *Die verschleierte Gefahr. Die Macht der muslimischen Mütter und der Toleranzwahn der Deutschen.* Gerade weil die gründliche Aufarbeitung der traumatischen deutschen Vergangenheit im eigenen Land im Lauf der Jahrzehnte eine hinreichende Aufdeckung der Mechanismen zerstörerischer Machtausübung erbracht hat, darf dies nicht nur zur Bewältigung des Gewesenen beitragen. Es sollte genauso auch eine wichtige präventive Funktion für die Zukunft haben. In diesem Sinn sollten Deutsche durchaus auch die Verantwortung übernehmen, über ihren eigenen Kulturbereich hinaus aufklärerisch zu wirken und sich an der Vorbeugung und Eindämmung faschistischer Erscheinungen im Islam zu beteiligen, statt aus einer falschen Scheu heraus diese zu ignorieren, herunterzuspielen oder zu verdrängen. Wir wissen doch nur zu gut, wohin das ständige Wegschauen in der jüngsten deutschen Geschichte geführt hat. Bei einem laschen Umgang mit den hochproblematischen Erscheinungen eines politischen Islams wäre ein katastrophaler Zuwachs rechter Parteien in Deutschland die zwangsläufige Folge, die unter allen Umständen vermieden werden muss.

Die schönste Überraschung in meinem inzwischen über fünfzigjährigen Leben in Deutschland bleibt das Ereignis, das zu meiner allerersten Erinnerung als Kind zurückführt und damit den Kreis zu schließen scheint:

Am 20. Juli 1944 zerbrechen alle in unserem amerikanischen Domizil anwesenden Familienmitglieder nach dem versuchten Hitler-Attentat sich die Köpfe über die möglichen Folgen dieser Tat auch für sie, die ihr in tiefste Barbarei abgestürztes eigenes Land hatten verlassen müssen. Thomas Mann wird nach dem sehnlichst erwarteten Sieg der Alliierten dort nie wieder Wohnsitz beziehen. Ich selber traue mich erst knapp zehn Jahre nach seinem Tod, mich im Land meiner Vorfahren niederzulassen.

Und dann, im Herbst 2016, geschieht das Unglaubliche: Die Bundesrepublik Deutschland erwirbt das Haus meiner Großeltern in Pacific Palisades. Ich sehe diesen Akt als Ergebnis einer jahrzehntelangen Entwicklung von ersten demokratischen Gehversuchen nach der Staatsgründung des westdeutschen Provisoriums 1949 in Bonn bis zur jetzigen stabilen, wiedervereinigten Bundesrepublik Deutschland mit der Hauptstadt Berlin. Ein demokratisch gefestigtes Deutschland bekennt sich – auf Initiative des damaligen Außenministers und heutigen Bundespräsidenten Frank-Walter Steinmeier – zu dem geistigen Erbe Thomas Manns und etabliert in diesem Geist ein Zentrum gegen radikale und antidemokratische politische Tendenzen.

Dabei war der Hauskauf durch die Bundesrepublik keineswegs von vornherein klar. Eine prominente und medienwirksame Initiative sprach sich für den Erhalt des Thomas-Mann-Hauses aus. Nach lange im Verborgenen gebliebenen, zähen Verhandlungen mit dem Eigentümer und in schwieriger Konkurrenz zu ebenfalls kaufwilligen internationalen Oligarchen konnten sich die Verhandlungsführer der Bundesregierung schließlich durchsetzen.

Noch gestern habe ich in einem Gespräch mit Nachbarn des Thomas-Mann-Hauses erfahren, dass sich während jener lang hinziehenden Kaufverhandlungen zahlreiche

Bewohner des Riviera-Viertels von Pacific Palisades zusammengeschlossen hatten, um mit aller Kraft den Kauf des Hauses durch die deutsche Bundesregierung zu unterstützen, weil sie wussten, dass im Fall eines Erwerbs durch private Interessenten das Haus abgerissen und, begleitet von langdauernden und störenden Baumaßnahmen, an seiner Stelle eine Protzvilla mit mehreren Swimmingpools, einem Tennisplatz sowie einem Basement mit Fitnesscenter und Partykeller errichtet und als lärmreicher Rummelplatz genutzt worden wäre. Vor allem bestand die mit der deutschen Bundesregierung verbündete Häuserkolonie auf der Einhaltung mehrerer für alle Gebäude der Umgebung verbindlicher Bestimmungen. Dazu gehörte neben der räumlichen Eingrenzung bestimmter Baumaßnahmen (z. B. maximale Haushöhe oder die maximale Dichte der Grundstücksbebauung) auch die Einschränkung, dass alle Häuser des Riviera-Viertels nur von *einer* Familie bewohnt werden durften. Einer der Gründe, warum schließlich die deutsche Bundesregierung das Rennen machte, war merkwürdigerweise die Tatsache, dass diese als »eine Familie« betrachtet wurde, während in einem anderen Fall in der Nähe einem zusammenlebenden Paar der Hausverkauf verweigert worden war, weil man ein unverheiratetes Paar als »zwei Familien« wahrnimmt.

Ein wesentlicher Grund für das Zusammenstehen der streitbaren Nachbarkolonie war allerdings die mit nur wenigen Umbaumaßnahmen verbundene Umwidmung des Thomas-Mann-Hauses zum symbolischen Ort für hochwertiges Kulturschaffen, für Demokratie und Friedenswillen. Das internationale Begegnungszentrum verspricht trotz geplanter Veranstaltungen ein ruhiger Hort wissenschaftlichen, intellektuellen und künstlerischen Wirkens zu werden, und schließlich ist durch diese Nutzung die Gefahr eines Abrisses definitiv gebannt. Vor diesem Hintergrund ließ sich auch nach dem vollzogenen Eigentümerwechsel das anfängliche starke Unbehagen einiger jüdischer Bewohner in der Umgebung gegenüber einem Hauskauf ausgerechnet durch eine deutsche Regierung rasch beschwichtigen.

Das inzwischen *Thomas Mann House* genannte Anwesen soll nicht museal rückblickend als Ort konservierender Erinnerung an den niedergerungenen Hitler-Faschismus und als Denkmal für Leben und Werk des literarischen Giganten Thomas Mann dienen. Das Residenzprogramm soll zwar »im Geiste Thomas Manns«, aber doch gegenwarts- und zukunftsgerichtet realisiert werden. Ziel ist der interkontinentale Austausch zwischen den Fellows aus verschiedensten Disziplinen und amerikanischen Persönlichkeiten und Institutionen als Counterparts aus demselben Umfeld. Diese Dialoge stellen die Herausforderungen ins Zentrum, denen sich alle freiheitlich-demokratisch ausgerichteten Länder, auch über Amerika und Europa hinaus, ausgesetzt sehen. Es sind nationalistische und religiös-fundamentalistische Strömungen, denen mit ganzer Kraft begegnet werden muss. Insbesondere gilt es, den sich durch Differenzen und Konflikte zuspitzenden Polarisierungen bei Themen wie Sicherheit, soziale Gerechtigkeit, Menschenrechte, Umwelt- und Klimaschutz sowie Migration und Integration, Flucht und Exil auf beiden Seiten des Atlantiks entgegenzuwirken und damit auch zusammenhängende wirtschaftliche, ökologische und technologische Fehlentwicklungen frühzeitig zu erkennen. Das oberste Ziel ist es, an einer weltweit gebotenen Eindämmung gewaltsamer und kriegerischer Eskalation dieser Konflikte auf allen Kontinenten mitzuwirken und in diesem Sinne Friedensarbeit zu leisten.

Abb. 4 Visualisierung des zukünftigen Thomas Mann House, © rebuild.ing GmbH / H2S Architekten

So wie ich es verstanden habe, liegt dem eigentlichen Initiator dieses Projekts, dem heutigen Bundespräsidenten Frank-Walter Steinmeier, am meisten am Herzen, in dem hier installierten Dialog einen politischen und kulturellen Beitrag zu einer Zukunft der Demokratie im weitesten Sinne zu sehen. Ich vermute, und bin darüber sehr glücklich, dass dieses Zukunftsverständnis von Demokratie stark unter dem Leitbild von Thomas Manns 1938 für Amerikaner verfassten Essay *The Coming Victory of Democracy* (*Vom kommenden Sieg der Demokratie*) steht. Diese hoffnungsvolle Verbindung zwischen gestern, heute und morgen ist in meinen Augen ein ernstzunehmendes Stück neuer deutscher Identität.

Ein langfristiger Erfolg dieses transatlantischen Projekts

wird nicht nur von der Auswahl, vom Einsatz und der Kompetenz der Stipendiaten aus Europa abhängen. Maßgeblich wird auch die Gesprächsbereitschaft und -kompetenz der amerikanischen Partner sein, die zweifellos von der weiteren Entwicklung der derzeit hochproblematischen innen- und außenpolitischen Situation der USA abhängt. Das gilt langfristig selbstverständlich auch für Europa, das, wie beschrieben, gegen antidemokratische Tendenzen keineswegs gefeit ist. Deshalb darf an dieser Stelle daran erinnert werden, dass sich Thomas Manns Kulturpessimismus während seiner letzten Lebensjahre keineswegs auf die USA allein bezog.

So wie damals, am Abend des 20. Juli 1944, als nach dem Attentat auf Hitler meine Familie zusammensaß und intensiv über die Folgen dieses Ereignisses für Deutschland, Europa und Amerika debattierte, wird hier im 21. Jahrhundert wiederum ein kulturpolitisch relevanter und konstruktiver Austausch stattfinden.

Bravo, Frido!

Dienstag, 6. März 2018

Heute bin ich auf der Suche nach dem früheren Durchgang zwischen den großelterlichen Schlafzimmern. Denn mir ist heute Morgen eine besondere Begebenheit bei einem meiner ersten erinnerlichen Besuche des Großvaters zum ersten Morgenkaffee eingefallen. Ich saß ihm wie immer in der Nähe der Tür zum Schlafzimmer meiner Großmutter gegenüber, während er im Morgenmantel an einem kleinen Tisch seinen Kaffee aus einem Mokkatässchen trank. Ich muss fünf Jahre alt gewesen sein, zwischen Spätsommer und Weihnachten nach Kriegsende, als er mir von seiner Jahre zurückliegenden Einladung des Präsidenten Roosevelt ins Weiße Haus in Washington erzählte. Ich lauschte fasziniert seiner Schilderung des gemeinsamen Dinners mit dem Präsidenten im Rollstuhl, an den dieser seit seiner Erkrankung an Kinderlähmung meistens gefesselt gewesen war. Man habe ihm aber, so sagte mir mein Großvater, trotzdem immer angemerkt, wie viel Kraft der Präsident gehabt habe und dass er ein sehr kluger Präsident gewesen sei, dazu mit einer besonders schönen Stimme, die ihm bei seinen öffentlichen Reden den Spitznamen »The Voice« eingetragen habe, und außerdem habe ihm dessen »amerikanisches Lachen« immer so gut gefallen. Seinen Bericht beendete mein Großvater mit der Erwähnung von Roosevelts tödlichem Schlaganfall an seinem Schreibtisch, der sich erst kürzlich zugetragen hatte, und er demonstrierte mir diesen Vorfall überaus anschaulich, indem er an dem Tischchen, an dem er saß, seinen Kopf plötzlich schnell so weit nach vorn fallen ließ, dass er die Tischplatte vor sich berührte. Allein schon aus der nachdenklichen und ehrfurchtsvollen Art, mit der mein Großvater über unseren kürzlich verstorbenen Präsidenten sprach, konnte ich gut dessen besondere Bedeutung spüren, die sich dann schon früh auch in mir nachhaltig eingeprägt hat.

Als ich die Ecke, in der vermutlich jenes Gespräch beim morgendlichen Kaffee stattgefunden hat, wieder verlasse, begebe ich mich durch die große, neue Fellow-Wohneinheit zurück zum Korridor und dann die vertraute alte Treppe hinunter ins Erdgeschoss. Ich muss daran denken, wie erschüttert meine ganze Familie von Roosevelts plötzlichem Tod nur wenige Wochen vor dem besonders auch ihm zu verdankenden Sieg über Nazideutschland gewesen war, weil er diesen Triumph selbst nicht mehr hatte erleben dürfen. Bei späteren Gesprächen mit meinem Großvater gewann ich manchmal den Eindruck, er habe schon bald nach Roosevelts Tod gespürt, dass sich nach dessen Präsidentschaft in Amerika alles nur noch zum Schlechteren hin verändern könnte.

Da ich das Kriegsende und den öffentlichen Triumph in ganz Amerika wegen des Sieges über Deutschland mit meinen Eltern in San Francisco erlebte und erst im August wieder in Pacific Palisades war, habe ich zwar die dortigen Reaktionen auf das unmittelbare Kriegsende Anfang Mai nicht mitbekommen. Aber auch später wurde im großelterlichen Haus noch viel darüber gesprochen, etwa während der Mahlzeiten und abends im Living Room oder auf Spaziergängen vor dem Mittagessen. Dabei ging es oft um das in Deutschland herrschende Nachkriegschaos und um die große Auflösung dort, um die Selbstmorde, Hinrichtungen und Verhaftungen von Kriegsverbrechern während der vergangenen Monate und über diejenigen, die sich frühzeitig feige aus dem Staub gemacht hatten. Ich kann mich zwar an keinen genauen Wortlaut erinnern, konnte jedoch aus den Gesprächen und der allgemeinen Stimmung so einiges von dem herausspüren, was heute in Thomas Manns Tagebuch ab April und Mai 1945 bis in den Sommer hinein nachzulesen ist: das anhaltende Grauen, die Fassungslosigkeit und der Ekel, manchmal mit Anklängen eines Mitgefühls und eines Leidens an dem vielen Elend und an so viel menschlicher Unzulänglichkeit, Niedertracht und Würdelosigkeit. Nie war bei ihm so etwas wie Triumph, Genugtuung oder gar ein Rachegedanke zu spüren, der nach all den Jahren des zermürbenden Kampfs und des Harrens auf das Ende des Naziterrors nicht weiter verwunderlich gewesen wäre. Nur selten lese ich so harte, aber auch von Schmerz und Traurigkeit erfüllte Bemerkungen in seinem Tagebuch wie die etwa drei Tage vor Kriegsende verfassten: Es sei »nicht möglich, eine Million Menschen hinzurichten, ohne die Methoden der Nazis nachzuahmen. Es sind aber rund eine Million, die ausgemerzt werden müßten.« (5.5.1945)

Die ältesten Kinder, Erika und Klaus, konnte ich während jener Sommermonate noch nicht selbst befragen, weil sie sich damals hauptsächlich auf dem europäischen Nachkriegsschauplatz aufhielten, von wo aus regelmäßig ihre Berichte über die Hölle der eben befreiten Konzentrationslager und die schrecklichen Zerstörungen der englischen, holländischen und deutschen Städte eintrafen. Auch schilderten sie ihre Eindrücke von einigen der eingesperrten größten Naziverbrechern, wenn sie diese, wie besonders Erika, inkognito »besichtigt« hatten.

Außerordentlich imponierend und für einen deutschen Emigranten nicht alltäglich ist das Bekenntnis Thomas Manns in seinem berühmten und kritischen Essay *Deutschland und die Deutschen*, den er wenige Wochen vor Kriegsende verfasste, sein Bekenntnis nämlich, trotz des psychologisch vernichtenden Urteils über seine Landsleute immer noch *selbst als Deutscher* dazuzugehören und nicht »die Deutschen« vom hohen Ross des Emigranten auf der politisch richtigen Seite leichtfertig abzuurteilen. Im März 1945 lag dieser Essay fertig vor und wurde Ende Mai unter großem Aufsehen in der Library of Congress in Washington vom Autor selbst auf Englisch vorgetragen. Er erschien dann im Oktober 1945 auf Deutsch in der *Neuen Rundschau*.

Diese Schrift ist eine schonungslose Auseinandersetzung mit den geistesgeschichtlichen Hintergründen bzw. mit der Seelenlage der Deutschen als einer der anlagemäßigen Voraussetzungen für deren Verstrickungen in die nationalsozialistische Katastrophe. Die in dem Essay geschilderte psychologische Verfassung der Deutschen sieht Thomas Mann auf dem geschichtlichen Hintergrund ihrer mythischen Wurzeln im Mittelalter und in der Reformation, geprägt von einer mit politischem Denken und Handeln nur schwer zu vereinbarenden *Innerlichkeit* und von einem Hang zur *Romantik* mitsamt all den ihnen innewohnenden Widersprüchen. Diese umschreibt der Autor mit paradox doppeldeutigen Bezeichnungen wie »provinzielle Weltbürgerlichkeit«, »militanter Knechtsinn« oder »vertrotzter Individualismus«, in denen auch das für ihn bei den Deutschen beobachtbare extreme Schwanken zwischen überzogenem und praktisch nicht existentem Selbstbewusstsein bzw. zwischen Überheblichkeit und Unterwürfigkeit steckt. Im Extremfall wie dem des Nationalsozialismus kulminiert dieser Widerspruch in einer fatalen politischen Unmündigkeit und in einem entsprechenden Wechsel zwischen »Allmachtsphantasmen« und einem von blindem (Kadaver-) Gehorsam gekennzeichneten Autoritätsglauben. Und dann taucht irgendwann der entwaffnende Satz auf, nach welchem Thomas Mann sich selbst in fast anklagender Weise mit dem Stigma des Deutschtums behaftet sieht:

> »Nichts von dem, was ich Ihnen über Deutschland zu sagen oder flüchtig anzudeuten versuchte, kam aus fremdem, kühlem, unbeteiligtem Wissen; ich habe es auch in mir, ich habe es alles am eigenen Leib erfahren. Mit anderen Worten: was ich […] zu geben versuchte, war ein Stück deutscher Selbstkritik – und wahrhaftig, ich hätte deutscher Tradition nicht treuer folgen können als eben hiermit. Der Hang zur Selbstkritik, der oft bis zum Selbstekel, zur Selbstverfluchung ging, ist kerndeutsch […].«

Im Vordergrund stand in den politisch extremen Nachkriegsmonaten, in denen ich auch wieder längere Zeit im großelterlichen Haus verweilte, unterschwellig und ahnungsweise die Angst, die deutsche Katastrophe könnte sich wiederholen, wenn nicht alles Menschenmögliche unternommen würde, um solche Tendenzen im Keim zu ersticken. Natürlich war es zum damaligen Zeitpunkt noch viel zu früh für die Vorzeichnung eines gangbaren Weges zu einer grundlegenden Erneuerung des in jeder Hinsicht zusammengebrochenen und demoralisierten Deutschlands. Lag doch die Etablierung einer neuen und tragfähigen demokratischen Gesellschaftsordnung in unvorstellbar weiter Ferne in einem Land, welches durch die Besatzungsmächte erst einmal verwaltet werden musste und in mehreren langsamen Schritten durch Umerziehung und aufbauende politische und kulturpolitische Maßnahmen wieder einem normalen und würdigen Leben zugeführt werden musste.

In einer beschwörenden Ansprache an die junge europäische Nachkriegsgeneration in der Schweiz im Sommer 1947 während seines ersten Europabesuchs nach dem Krieg holte Thomas Mann deshalb entsprechend weit aus und appellierte daran, ohne Bezug speziell auf das zu dieser Zeit von ihm noch weitgehend gemiedene Deutschland, vielmehr ganz allgemein an die Verantwortung der Menschen überhaupt gerichtet, der ideologischen Anziehungskraft totalitärer Systeme zu widerstehen. Stattdessen sollten sie sich an den Grundwerten des Menschseins auf letztlich christlichen und aufklärerischen Fundamenten wie Freiheit, Vernunft und Ehrfurcht vor dem Mysterium des Humanen orientieren. Diese Werte sollten im Interesse einer Erneuerung aus den zeitgebundenen Wirren und Verstörungen sowie der allgemeinen Desorientierung im Sinne einer selbstkritischen Erkenntnis von Gut und Böse gelebt werden.

In seiner *Ansprache an die Zürcher Studentenschaft* schreibt Thomas Mann:

> »Sofern es um neue Ordnung, neue Bindung, die Anpassung der menschlichen Gesellschaft an die Erfordernisse der Weltstunde geht, ist gewiß mit Konferenzbeschlüssen, technischen Maßnahmen, juridischen Institutionen wenig getan. Notwendig zunächst ist eine Wandlung des geistigen Klimas, ein neues Gefühl für die Schwierigkeit und den Adel des Menschseins, eine alles durchdringende, wenn Sie so wollen religiöse Grundgesinnung […].«

Im Erdgeschoss des Thomas Mann House begebe ich mich zuerst in das ehemalige, unverändert schmal geschnittene Esszimmer zwischen Küche und Living Room, das auch jetzt als Speiseraum für die Fellows dienen soll. Ich setze mich auf einen der wenigen dort herumstehenden, noch provisorischen Stühle und sinne noch eine Weile über diese wiedergegebenen Sätze aus der Schweizer Ansprache von Thomas Mann nach.

Mir scheint in der Tat, dass die Zielsetzungen und grundsätzlich auch das Vorgehen bei dem in diesem Haus vorgesehenen transatlantischen Dialog nicht treffender zusammengefasst sein könnten als in jenem Zitat. Nicht irgendwelche technischen Maßnahmen oder lenkenden Beschlüsse werden in erster Linie diesen Dialog bestimmen können, sondern eine grundlegende menschliche Gesinnung und eine geistige Ausrichtung und Orientierung an wesentlichen und bleibenden menschlichen Werten.

Ich höre auch heute immer wieder bei politischen Auseinandersetzungen oder bei Koalitionsgesprächen, dass diese Verhandlungen, wenn sie ausschließlich vom Verstand gesteuert sind, sehr viel weniger zielführend sind, als wenn mit der Vernunft kompatible emotionale und leidenschaftlich vorgetragene Argumente eingebracht werden. Diese wiederum zeichnen sich dadurch aus, dass sie von einem Wertebewusstsein getragen sind, aus dem die geistige Identität des Argumentierenden spürbar ist. Genau auf dieser Ebene habe ich in diesem Haus immer ganz und gar persönliche, aus dem inneren Bezugssystem der Kontrahenten kommende und deswegen oft heiße politische Diskussionen zwischen Angehörigen meiner Familie oder gelegentlich auch mit Besuchern erlebt. Gerade beim Zusammensitzen im Living Room oder bei Tee- und Abendesseneinladungen wurde

Abb. 5 Im Living Room: Erika, Katia und Thomas Mann, ca. 1951

manchmal politisch leidenschaftlich gestritten. Ein beliebter Gegenstand dieser Diskussionen waren die Gründe für das zerrüttete russisch-amerikanische Verhältnis, das sich nach Kriegsende erschreckend rasch und radikal zum Negativen verändert hatte, nachdem die Welt im Kampf gegen Hitler bis zu dessen endgültiger Niederschlagung durchgehend auf eine enge Kooperation zwischen den beiden Großmächten, trotz Stalins Verbrecherregime, unabdingbar angewiesen gewesen war. Das Problem spitzte sich dadurch zu, dass die nur Monate nach Roosevelts Tod erfolgte Entzweiung zwischen den Großmächten schon bald wieder neue Ängste vor einem Dritten Weltkrieg schürte. Die Meinungsverschiedenheiten innerhalb meiner Familie lagen vor allem in der unterschiedlichen Einschätzung der Schuld oder Mitschuld Amerikas an dem zunehmend besorgniserregenden Zerwürfnis. Auch wenn diese Frage für mich inzwischen inhaltlich nicht mehr so relevant ist wie damals, so ist die Überzeugungskraft, von welcher eingenommenen Position auch immer, die seinerzeit in diesen Streitgesprächen spürbar war, für mich durchaus auch noch heute präsent und ein Vorbild für politisch oder ideologisch bedeutsame Auseinandersetzungen überhaupt.

Etwas Ähnliches habe ich in den vergangenen Jahrzehnten zusätzlich im Bereich des heute für jede kosmopolitische Verständigung und in diesem Sinn für Friedensarbeit im interkulturellen Bereich immer wichtiger werdenden interreligiösen Gesprächs gelernt. Besonders dann, wenn diese Dialoge, trotz der vielfachen Zerstrittenheit zwischen den großen Weltreligionen, zwischen Ordensleuten auf meditativ-kontemplativer Grundlage von einer Haltung von Achtsamkeit und Empathie getragen sind. Gerade bei scheinbar unüberbrückbaren Differenzen ist eine solche Haltung die beste Voraussetzung für eine Überwindung von Unverständnis und Vorurteilen und umgekehrt für eine Kultivierung von Respekt und Verständnis für den »Andersartigen«. Solche »übergreifenden Annäherungen«, wie ich sie nennen möchte, kommen am ehesten zustande, wenn Menschen von ihrer eigenen Überzeugung so tief und authentisch erfüllt sind, dass sie sich in souveräner Weise auch nachhaltig in »fremde« Überzeugungen einfühlen und sich in sie hineinversetzen können, ohne die eigene aufzugeben. Sie werden dann vielmehr auch das Gemeinsame zwischen dem Eigenen und dem Fremden erspüren, dieses Gemeinsame in Worte und Bilder fassen und damit auch ihre Fachdiskurse beliebig bereichern können. Dieser Prozess vollzieht sich jedoch in der Regel mühsam und in vielen kleinen Schritten.

Ich bin nach meinen bisherigen Kenntnissen des transatlantischen Austauschprogramms davon überzeugt, dass einiges aus diesem Geist besonders im Sinn des humanistischen Engagements von Thomas Mann nach dem Schock des Zweiten Weltkrieges wie ein Funke überspringen wird auf die hier im Haus vorgesehenen Dialoge im Dienste einer friedvollen Völkerverständigung.

Ich selbst bin als ausgebildeter Musiker besonders neugierig auf das Wirken der ersten Musiker, die irgendwann im Thomas Mann House unter den Fellows aus Deutschland sein werden. Sie würden sich unter der Vielzahl der zum Residenzprogramm bestens passenden Berufsgruppen besonders gut in den geschichtlichen Hintergrund dieses Hauses einfügen, in dem Literatur und Musik in ihren gegenseitigen engen Verflechtungen eine zentrale Rolle gespielt haben. Hierbei wären verschiedene Varianten des Dialogs zwischen Musikern aus Deutschland und Amerika möglich, wobei vermutlich gemeinsamen kammermusikalischen Aktivitäten ein besonderes Gewicht zukäme. Im Bereich der ausübenden Musik dürften viele nichtverbale Aspekte eines förderlichen Dialogs ins Spiel kommen und von eminenter Bedeutung sein. Dies ließ sich kürzlich nachlesen in einem Zeitungsartikel von Daniel Barenboim, dem Mitbegründer und Leiter des West-Eastern Divan Orchestra. Musik, sagt Barenboim, gebe uns die Möglichkeit, »Dinge zu spüren, die wir ohne Musik nicht fühlen. Das müssen auch Politiker wissen.« (*Süddeutsche Zeitung*, 3. März 2017)

Im Zusammenhang mit dem bald beginnenden Residenzprogramm beschäftigt mich dieser Aspekt so nachhaltig, dass ich heute Nacht in meinem Hotelzimmer einen erschreckenden, wenngleich glücklicherweise plötzlich abreißenden Traum hatte, der in diesem früheren Esszimmer spielte und den ich hier am liebsten irgendwie zu Ende träumen würde. Wahrscheinlich habe ich mich vorhin genau deshalb spontan in diesen Raum gesetzt.

Dem Traum vorangegangen war gestern Abend ein Telefongespräch, welches ich mit einem amerikanischen Pianisten namens Freddy führte, der mir von meinen regelmäßigen Besuchen bei meinen Eltern in der Nähe von San Francisco ab den siebziger Jahren gut bekannt war und der damals zuerst als Musikstudent, aber auch später noch lange im Haus meiner Eltern gelegentlich mitzumusizieren pflegte. Ihm berichtete ich jetzt von meiner Reise von Deutschland nach Pacific Palisades in das neugestaltete Thomas Mann House. Er war Feuer und Flamme, als ich ihm einige Details des vorgesehenen Austauschprogramms wiedergab, und er sprühte gleich vor Ideen, die ihm spontan dazu einfielen. Vor allem erwähnte er einen jungen Musikerfreund in San Francisco, einen israelischen Bratschisten namens Elia. Er meinte, der wäre sicher selig, wenn sich einmal ein deutscher Musiker unter den Fellows im Haus befände, mit dem er musizieren, fachsimpeln und sich über Gemeinsamkeiten und Unterschiede des europäischen und amerikanischen Musik- und Kulturlebens austauschen könnte. Im Zusammenhang mit Israel erwähnte ich, dass ich mich auch gerne dafür einsetzen würde, vielleicht einmal einen Musiker aus dem West-Eastern Divan Orchestra als Fellow einzuladen, möglicherweise sogar mit Daniel Barenboim selbst als Gast, den er und sein Freund dann auch persönlich kennenlernen könnten. Mit dieser für Freddy beglückenden Aussicht beendeten wir unser Telefonat. Und prompt überfiel mich dann in der Nacht der folgende Traum.

Wir saßen zu viert in diesem inzwischen für die im Haus residierenden Gäste geschmackvoll und komplett mit Esstisch, Geschirrkommode und Vitrine mit Trinkgläsern und bequemen Stühlen eingerichteten Esszimmer am Tisch bei einem Lunch. Mir gegenüber saßen der Pianist Freddy und dessen sehr viel jüngerer Freund, der israelische Bratschist, und neben mir, als neuer Stipendiat, tatsächlich ein Mitglied des West-Eastern Divan Orchestra, ein aus dem Libanon stammender Geiger namens Bassam. Wir hatten uns vorgenommen, nach dem Lunch im Gemeinschaftsraum nebenan, wo inzwischen ein Flügel stand, Mozarts *Sinfonia Concertante* für Violine und Bratsche in Es-Dur KV 364, mit Freddy am Flügel für die Orchesterbegleitung, zu spielen. Freddy und ich versuchten die ganze Zeit, die beiden Streichersolisten miteinander ins Gespräch zu bringen, bevor wir zum Musizieren hinübergingen. Ich war vor allem davon ausgegangen, dass es unserem neuen Fellow als Mitglied eines je zur Hälfte aus Israelis und Arabern bestehenden Orchesters nicht schwerfallen würde, mit einem ihm bisher noch unbekannten Israeli rasch ins Gespräch zu kommen – im Gegensatz zu Elia, der diesen Umgang vermutlich nicht gewohnt war. Bald jedoch stellte sich zu meiner Verwunderung heraus, dass es genau umgekehrt war. Der israelische Bratscher Elia unternahm, möglicherweise mit Rückendeckung durch seinen amerikanischen Freund, mehrere vorsichtige und durchaus freundliche Vorstöße, seinen libanesischen Streicherpartner Bassam aus der Reserve zu locken. Doch dieser blieb stumm wie ein Fisch, obwohl ich ihn bisher als eher kommunikativen und aufgeschlossenen Menschen kennengelernt hatte. Es war für mich quälend und peinlich, ansehen zu müssen, wie Bassam mit verstockt zusammengekniffenem Mund vor sich hinstarrte, zwischendurch einen Bissen auf der Gabel zum Mund führte und dann wieder mit abweisend wirkendem Gesicht vor sich hin schwieg.

Irgendwann hatten wir diese Verstocktheit satt und brachen zusammen zum Flügel im Gemeinschaftsraum auf, in der Hoffnung, durch das gemeinsame Musizieren dort die Situation ein bisschen zu entschärfen oder gar aufzulockern.

Hier wurde mein Traum langsam zwar etwas verschwommen, entwickelte sich jedoch ausgesprochen unangenehm. Das Erste war eine Szene vor dem Flügel, an dem Freddy an der Orchestereinleitung des ersten Satzes der *Sinfonia Concertante* ein bisschen herumprobierte, während Elia und Bassam ihre Instrumente und Noten auspackten und dann sichtlich nervös warteten, bis Freddy mit seiner Einleitung endlich fertig war, um dann ihre Instrumente zu stimmen. Mir war, als ob beide dabei heimlich und etwas argwöhnisch jeweils zum Instrument des anderen hinüberschielten und dieses etwas abschätzig musterten, wobei Elia, wie schon vorhin am Esstisch, nach einer Weile als Erster wieder die Initiative ergriff und sich, jetzt jedoch auffallend weniger freundlich, bei Bassam nach der Herkunft von dessen Geige erkundigte. Als er von diesem keine Antwort bekam, begann er, mit blumigen Worten den sonoren Klang seiner eigenen Bratsche von angeblich alter italienischer Bauart über alle Maßen zu preisen und diesen Klang dann auch auf seinem Instrument zu demonstrieren. Dabei versuchte er, sein virtuoses Können an den Tag zu legen, und führte in rasendem Tempo ganze Doppelgriff-Reihen, sich aufeinandertürmende Arpeggien und einige besonders ausgefallene Bogenübungen aus dem Studienheft von Ševčík vor. Damit nicht genug, gab er auch noch eine Bratschenpassage aus dem schnellen Satz des Doppelkonzerts aus Bachs Brandenburgischen Konzerten im Affentempo und möglichst lautstark zum Besten. Es war nicht zu übersehen, dass sich der andere je länger desto mehr elend klein vorkam und sich zur Wehr setzen musste. Je lauter, schneller und hässlicher Elia seine Bratsche malträtierte, desto deutlicher machte Bassam Anstalten, sich mannhaft dem Machtgehabe und dem Führungsanspruch des Geigers entgegenzusetzen und gleichermaßen mit seinem Instrument und seinem Können aufzutrumpfen. Dies tat er so wütend und so heftig, dass ich Angst bekam, das Ganze könnte bald in Handgreiflichkeiten ausarten, womit dem gemeinsamen Musizieren ein rasches Ende für immer gesetzt worden wäre.

Zuletzt lief vor meinen Augen alles nur noch bruchstückhaft ab, und ich selber fühlte mich immer weniger in dieses Geschehen involviert, sondern empfand mich nur noch als ein für die drei anderen eher unbeteiligter und unsichtbarer Zuschauer. Die drei Musiker schienen inzwischen zwar irgendwie alle gleichzeitig zu spielen, aber nicht miteinander, sondern gegeneinander. Von Musik, geschweige denn von Mozart konnte keine Rede sein. Ich hörte bloß ein für mein Ohr schmerzhaftes Kreischen und Kratzen, welches nur ganz von fern an Klänge einer Geige oder einer Bratsche erinnerte. Während ihres wilden Spiels starrten die beiden Streicher mit verzerrten und verzweifelten Gesichtern wie durch die Zimmerdecke hindurch nach oben, während Freddy in rasendem Tempo seine Orchesterbegleitung herunterspielte und mit dem verbissenen und verzweifelten Gesicht eines Rettungsschwimmers die Klaviertasten so besessen bearbeitete, dass ich fast Angst um ihn bekam. Und da ich diese Situation immer weniger ertrug, konnte ich aus diesem schrecklichen Traum nur noch möglichst rasch ausbrechen, was mir glücklicherweise auch bald gelang.

Jetzt umgibt mich eine unheimliche Stille, während ich auf meinem Stuhl aus dem Fenster in den sonnenbeschienenen Garten vor dem Esszimmer blicke. Mir steht immer noch der Schweiß auf der Stirn. Ich bin reichlich verwirrt und verunsichert, weil mir dieser Traum unerwartet eine so ganz andere Richtung aufgezeigt hat, in die unsereins geraten kann, wenn wir vielleicht zu unbedacht und leichtfertig darangehen, zwischen Menschen Brücken zu bauen und Verständigung und Frieden zwischen ihnen zu säen, wenn sie einen zu unterschiedlichen kulturellen oder gesinnungsmäßigen Hintergrund haben und zu wenig oder zu kurz Gelegenheit dafür gehabt haben, einander kennen- und verstehen zu lernen und ihre Scheu voreinander abzulegen. Besonders dann, wenn es sich um Dialogpartner aus feindselig zueinanderstehenden Ländern handelt wie im Fall von Elia und Bassam.

Dann frage ich mich weiter, warum ich so unglücklich geträumt habe, nachdem das gestrige Telefonat mit Freddy in San Francisco doch so vielversprechend verlaufen war und ich mir ein musikalisches Zusammenwirken zwischen ihm, seinem Bratschistenfreund und einem Musiker aus Deutschland als etwas Besonderes ausgemalt hatte. Habe ich vielleicht unterschwellig vor einem solchen Treffen Angst und deshalb so deprimierend geträumt? Angst vor der zu großen Ungewissheit des Verlaufs und des Ausgangs der geplanten und sicherlich nicht risikofreien Begegnung aufgrund der zu unbekannten und unsicheren Ausgangsbedingungen? Hatte ich mir in meiner übergroßen Anfangseuphorie zu viel vorgemacht und vorgenommen und zu wenig die möglichen Hürden bedacht? Habe ich gedanklich zu rasch vorgegriffen?

Nachdem ich mich wieder ein wenig gefangen habe, spüre ich bald, dass ich ins Grübeln falle. Eine bleierne Müdigkeit überfällt mich, und ich laufe Gefahr, bald nur noch dumpf vor mich hin zu brüten. Doch dagegen wehre ich mich, weil ich mich aktiv und wachsam auf meine eigene Mitte konzentrieren und die sich mir dort präsentierenden Gedanken und Bilder bewusst auf mich zukommen lassen möchte. Ich richte mich jetzt kerzengerade auf, mit halbgeschlossenen Augen, und stelle die Füße fest auf den Boden, so dass ich mich von ihm wie getragen fühle. Die Hände bleiben leicht verschränkt, die Daumen locker aufeinandergelegt. Dann setze ich das Wichtigste in dieser Situation in Gang: ein bewusstes, langsames und tiefes Ein- und Ausatmen.

Ich denke, dass es mir vielleicht helfen könnte, wenn ich mich meinen Gefühlen wie Angst und Widerwillen, die jener Traum in mir ausgelöst hat, ohne Wenn und Aber stelle und mich auf sie einlasse, statt sie abzuwehren oder ihnen zu entfliehen. Ich möchte diese Gefühle jetzt so wahrnehmen und durchleben, wie sie mich während meines gestrigen, von Feindseligkeit durchzogenen Traums gequält haben. Ich werde alles daransetzen, jede Art von Wertung zu vermeiden und meine Gefühle weder zu verurteilen noch sie gutzuheißen. Ich werde einfach innehalten und sie geduldig so gelten lassen, wie sie im Augenblick sind. Ich weiß, dass ich dann allen Versuchen widerstehen werde, die aufkommenden unangenehmen Gefühle durch irgendwelche Entspannungsmaßnahmen zu lindern oder ganz zu eliminieren. Ich will im Gegenteil alles daransetzen, an diesen negativen Gefühlen festzuhalten, sobald sie mir zu entgleiten drohen, und sie durchzustehen und in ihnen zu verharren, so unangenehm sie auch sein mögen. Ich werde sie konzentriert wachsam fühlen und, soweit ich dies irgendwie kann, auch kategorisch *benennen* – als Angst, als Widerwillen, als Schmerz usw.

Die diffusen Gefühle der Abwehr ob der sich gegenseitig verzweifelt bekämpfenden drei Musiker, die mich in Bann gehalten haben, beginnen durch meine Entspannungs- und Konzentrationsversuche langsam desto mehr an Schärfe zu verlieren, je tiefer ich mich bewusst in meine eigene Mitte hineinbegebe und sie als zu mir gehörend akzeptiere. Je mehr mir dies tatsächlich gelingt, desto beruhigender verglimmen die vorher nochmals nacherlebten hässlichen Bilder und schrillen Geräusche, verdämmern, verflüchtigen sich und lösen sich allmählich auf. An ihrer Stelle ziehen jetzt neue Bilder vor meinem inneren Auge vorbei, zuerst noch kein Film, sondern fotoähnliche Standbilder. Sie geben die zwei in meinem gestrigen Traum noch miteinander verfeindeten Musiker aus Israel und dem Libanon wieder. Aber anders als gestern stehen die beiden jetzt vor dem Flügel ruhig nebeneinander, nicht unbedingt einträchtig, eher indifferent, aber doch wenigstens friedfertig und willens, den anderen neben sich gelten zu lassen. Je mehr ich in meine zunehmende Ruhe, meinen inneren Frieden, in meine Ausgewogenheit und Zuversicht hineinwachse, desto freundlicher wird in den sukzessiv weiter vor mir erscheinenden Bildern die Atmosphäre zwischen den beiden Musikern. Es kommt mir vor, als würden sie sich mit aller Selbstverständlichkeit friedfertig miteinander austauschen, bis sie so weit sind, mit einem wirklichen und guten Zusammenspiel auf ihren Instrumenten zu beginnen. Irgendwann scheint es mir, als würden die beiden von einem warmen, hellen Licht umhüllt und als fühlte ich um mich herum ein gleichmäßiges Pulsieren von sich in die Endlosigkeit hinein ausbreitenden Schwingungen.

Ich kann im Nachhinein nicht mehr sagen, wie lang dieser Zustand der Versenkung gedauert hat – dieses »Üben« der beiden Musiker, sich über ihr Medium, die Musik, aneinander zu gewöhnen, Vorurteile abzubauen und Vertrauen zueinander zu fassen. Trauminhalte nachts wie auch kontemplative Erfahrungen am Tage verlieren besonders dann, wenn in ihnen zentrale Beziehungsaspekte vorkommen, jede zeitliche Dimension, und auch die uns so sehr vertrauten Räume, in denen wir leben, verlieren ihre starre Ausdehnung und neigen eher dazu, ineinander zu verschwimmen. Die Lehre, die ich jedenfalls aus diesen Einsichten ziehe, ist, dass im Falle eines anstehenden musikalischen Zusammenwirkens von Menschen aus so unterschiedlichen Kulturkreisen und Grundeinstellungen wie bei Elia und Bassam in diesem Hause von Anfang an der Zeitfaktor berücksichtigt werden muss und nur mit größter Behutsamkeit und Geduld solche unterschiedlichen Dialogpartner zusammengebracht werden sollten.

Der Versuch, den ich hier unternommen habe, entspricht in Grundzügen, oder zumindest daran angelehnt, der weitverbreiteten, sowohl therapeutisch als auch in pädagogischen und sozialen Bereichen angewandten achtsamkeitsbasierten Stressreduktion oder kurz: Achtsamkeitstraining (Mindfulness-Based Stress Reduction – MBSR), das von dem amerikanischen Molekularbiologen Jon Kabat-Zinn auf der philosophischen Grundlage des buddhistischen Achtsamkeitsprinzips entwickelt wurde.

Nach der glücklich erreichten Entspannung überkommt mich wieder die Lust, mir vorzustellen, wie sich Bassam und Elia mit ihren Instrumenten vor dem Flügel mit Freddy weiter verhalten werden. Die Stimmung ist jetzt diametral anders. Sie wirkt gelöst und trotzdem konzentriert auf das von den beiden Streichern inzwischen begonnene Zusammenspiel. Am stärksten spürbar ist jetzt ein enger emotionaler und musikalischer Zusammenhalt zwischen den drei Interpreten.

»Also, jetzt bitte das Andante«, höre ich als Nächstes Freddy mit ruhiger und sicherer Stimme ankündigen.

Dann resümiert er die wichtigsten Inhalte und Aspekte dieses melancholisch anmutenden langsamen Satzes aus Mozarts Meisterwerk.

Nach der von Freddy gespielten Orchestereinleitung, nach Bassams erstem Geigensolo und Elias Antwort auf der Bratsche sind sich die beiden Solisten auf Anhieb einig, dass sie sich bereits im ersten Takt ihres Solos wegen eines einheitlichen Bogenstrichs verständigen müssen. In meiner wiedergewonnenen Ruhe gönne ich es mir jetzt, einfach zu genießen, wie sie langsam, aber sicher zusammenfinden. Sie probieren zuerst eine Weile mit etwas Herumgefiedel an den verschiedenen Bogenstrich-Varianten und tauschen sich darüber aus. Schließlich lässt sich Elia umstimmen und spielt auch auf seiner Bratsche diese Figur nicht mehr wie anfangs mit einem durchgehenden Abstrich, sondern teilt sie zugunsten einer lebendiger klingenden Phrasierung, wie schon am Anfang Bassam auf der Geige, in einen Auf- und dann in einen Abstrich. Nur fünfzehn Takte später zeigt sich das nächste bogentechnische Problem, über das sich die beiden ebenfalls erfreulich rasch einigen. Diesmal geht es um eine von Elia gespielte, zwei Takte später von Bassam wiederholte aufsteigende Zweiunddreißigstel-Figur. Hier ist es Bassam, der Elia davon zu überzeugen vermag, dass dieser Aufstieg nicht in einem einheitlichen Staccato durchgespielt wird, sondern in der Mitte des Aufstiegs in ein leichtes Legatospiel übergehen sollte, damit die Figur, besonders in den hohen Lagen der Geige, nicht zu spillrig klingt. Nach immer seltener werdenden Unterbrechungen ihres zunehmend flüssigen und klangvollen Spiels in einer sich fast schon herzlich entwickelnden Atmosphäre beschließen die beiden Musiker, den Satz jetzt noch einmal von vorne anzufangen und möglichst bis zu Ende durchzuspielen.

Jetzt klingen bereits der erste Solo-Einsatz und dessen Antwort wie aus einem Guss. Die beiden allein schon durch ihre Höhenlage unterschiedlichen Stimmen, die sich dazu gleich in ihrer ersten Sequenz in die verschiedenen Tonarten c-Moll und Es-Dur hinein trennen, fließen auf Anhieb in ein rundes und einheitlich in sich schwingendes Ganzes zusammen. Und auf die erste Antwort der Bratsche folgt gleich, wie atemlos, die nächste, diesmal kürzer ausfallende Sequenz der Geige, die Bassam wirklich so spielt, als wollte er, wie vom Komponisten beabsichtigt, seinen Partner ungeduldig zu dessen nächster Antwort auffordern. Die weitere Steigerung der Zusammengehörigkeit beider Solostimmen durch deren nun folgenden taktweisen Wechsel, die dann sogar »einvernehmlich« zweistimmigen Triolen sowie die kanonartige Stimmenverschränkung verstehen Bassam und Elia in ihrem Zusammenspiel besonders überzeugend zum Ausdruck zu bringen. Auch bei der Fortsetzung der verschiedenen Varianten der an Farbe und Lebendigkeit nie nachlassenden Zwiesprache lässt die Gestaltungskraft der beiden Musiker und ihr Wille, dieses Andante von Mozart wirklich »wie aus einer Seele« (Anne-Sophie Mutter) zu spielen, nicht nach. Etwa zu Beginn der zweiten Satzhälfte erfolgt, nach einem neuen Anlauf der Solisten, die letzte große Spannungssteigerung in diesem Satz. Für diese sorgt ein gehäuft kurzer Wechsel zwischen den Partien beider Streichpartner, gedrängte Harmonieänderungen, kühne Intervallsprünge sowie chromatische Abfolgen bis hin zur gemeinsamen Schlusskadenz, in die beide Solisten schließlich zusammen einmünden. Ihr enges Zusammenspiel unterstreichen sie immer stärker mit gegenseitig aufmunterndem Lächeln und mit verbindenden Blicken, mit Kopfnicken und einem gelegentlich sogar kongruenten Schwingen ihres Oberkörpers.

Allmählich finde ich wieder in den tatsächlich nur provisorisch möblierten Raum des Hauses zurück. Doch die räumliche Stille wird jetzt zusätzlich getragen von einer inneren Stille, einer inneren Wärme und einem inneren Frieden. Ich fühle, dass ich auch jetzt, da die Bilder von den drei sich ihrem Mozart-Spiel hingebenden Musikern aus meiner Vorstellung verschwunden sind, immer noch unverändert meinem verlangsamten, tiefen Atem folge. Er fühlt sich immer noch so an, als würde er von der unerschöpflichen Wärme, die vom einvernehmlichen Zusammenspiel der drei Musiker ausgegangen war, genährt, als spiegelte sich mein Geist in der Wärme des vertraulichen Gesprächs der drei in der Musik miteinander schwingenden Seelen.

Wie weit diese Wärme wohl über meinen kleinen Radius hinaus in die Wirklichkeit einer kulturbewussten Welt strahlen wird? Ob diese Vision von einem möglichen, politische und religiöse Schranken überwindenden Zusammenspiel zwischen einem Elia aus Israel und einem Bassam aus dem Libanon eines Tages in diesem Haus wahr werden könnte? Wenn ja, dann wäre dies sicherlich nur ein winziges Puzzlestück im Gefüge vieler Kommunikation und Frieden fördernder Anstrengungen. Es wäre der Zipfel eines riesigen Knüpfteppichs von Hoffnungen und Möglichkeiten, Menschen mit andersartigen Menschen in Kontakt zu bringen und zu nachhaltigem Verständnis, Respekt und Solidarität oder sogar zu dauerhafter Kooperation anzuregen. Dabei wäre die gemeinsame Ausübung von Musik und Kunst nur ein Beispiel von zahllosen weiteren Möglichkeiten, Menschen zueinander finden zu lassen. Und es wäre das Schönste, wenn es gelänge, die verschiedenen institutionalisierten Konzepte, die der Völkerverständigung und dem Frieden dienen, nach dem Motto »Gemeinsam sind wir stark« miteinander zu vernetzen und gegen die sich heute gefährlich mehrenden zerstörerischen Kräfte in unserer Welt zu mobilisieren.

Mittwoch, 7. März 2018

Heute bekomme ich hier im Haus Besuch von einem alten Bekannten aus der Zeit meiner regelmäßigen Aufenthalte bei meinen Eltern zwischen den siebziger- und neunziger Jahren in der Bay Area von San Francisco. Es ist einer der Söhne unseres ersten Hausarztes in Mill Valley, Peter Bronn, auch Arzt wie sein Vater, dazu politisch stark engagiert. Am Ende des Vietnamkriegs hat er in Nordvietnam am Wiederaufbau einiger zerstörter Krankenhäuser mitgewirkt. Zurzeit ist er eines der 80 Mitglieder der State Assembly innerhalb der California State Legislature im Kapitol in Sacramento, welche auf Bundesebene dem Repräsentantenhaus im Kongress in Washington entspricht, zusätzlich zum Senat auf Staats- und Bundesebene. Dort kämpft Peter Bronn zusammen mit der satten Mehrheit der demokratischen Abgeordneten erfolgreich gegen die vom US-Kongress beschlossenen Kürzungen im Gesundheitsbereich an und wirkt am Aufbau eines eigenen großangelegten Gesundheitsprogramms des kalifornischen Bundesstaates mit. Außerdem fliegt er etwa zweimal monatlich für jeweils eine halbe Woche in den amerikanischen Nordosten, um dort in der Drogenberatungsstelle einer der sozial tief abgesunkenen ehemaligen Industriestädte im Bundesstaat Ohio, dem sogenannten industriellen Rostgürtel, Patienten zu versorgen, die sich keine Ärzte leisten können. Die dort lebenden und von schwerer Armut betroffenen Bürger waren für die falschen populistischen Wahlversprechen eines für sie zu allem auch noch bewunderns- und beneidenswert reichen Milliardärs wohl besonders anfällig und haben zu Trumps Wahlsieg wesentlich beigetragen.

Peter hat von dem transatlantischen Residenz- und Dialogprogramm der deutschen Bundesregierung gehört und möchte sich gern als amerikanischer Dialogpartner zur Verfügung stellen, sobald dort ein ärztlicher Kollege oder sonst jemand aus dem deutschen Gesundheitswesen als Fellow eingeladen werden sollte. Gerne würde er, als Anregung für sein politisches Engagement gegen Trumps antisoziale Maßnahmen zur Torpedierung von Obamacare, Einblicke in die deutsche und überhaupt europäische Gesundheitspolitik bekommen. Im Gegenzug möchte er nicht nur die katastrophale Gesundheitspolitik Washingtons, sondern auch die sozialgesellschaftlichen und psychologischen Gründe für das Desaster dieser Präsidentenwahl aufzeigen, die eine systematisch gegen die Schwachen und Armen gerichtete Gesundheitspolitik erst möglich gemacht hat.

Ich warte in Erikas ehemaligem Zimmer, das jetzt mit meinem früheren Kinderzimmer verbunden ist, auf die Ankunft Peters, der heute früh in Los Angeles gelandet ist, wo er am Nachmittag mit einem privaten Geldgeber für eines der Krankenhausprojekte der kalifornischen State Assembly verhandeln will und sich vorher hier im Haus für ein Stündchen bei mir angekündigt hat.

Erikas früheres Zimmer, in dem ich sitze, jetzt der Schlafraum einer neuen erweiterten Wohneinheit, wirkt vor seiner baldigen endgültigen Möblierung wie eigentlich alle Räume im Haus noch recht kahl. Da der Schnitt dieses Raums einschließlich Fenster ähnlich dem alten geblieben ist, kann ich mir Erikas frühere Möblierung umso besser vorstellen. Früher stand das Bett meiner Tante an der linken Wand zwischen Tür und Fenster. Wie oft und wie lange ich doch, sicher mehrere halbe Nachmittage lang, auf dem Bettrand saß und meiner Tante, die gegenüber an ihrem Schreibtisch platziert war, an den Lippen hing, wenn sie mir Sechs-, Sieben- und Achtjährigem aus der unerschöpflichen Fülle ihrer spannenden Geschichten und Erlebnisse erzählte. Die meisten von ihnen stammten aus dem Krieg und waren so aufregend, dass sie mir abends beim Gutenachtsagen in meinem Zimmer manchmal noch die Fortsetzung erzählen musste. Eine ihrer frühesten mir erinnerlichen Berichte handelte vom deutschen Blitzkrieg gegen London 1940, wo sie sich damals gerade aufhielt und sich immer mit ihrem Köfferchen bereit hielt, beim Aufheulen der Alarmsirenen zusammen mit den anderen Bewohnern in den Keller zu flüchten, und zwar so lange, bis die Royal Air Force (wie sie mit sichtlich patriotischem Stolz vermerkte) dank des von den Briten erfundenen Radars die deutschen Bomberstaffeln für immer abgewehrt hat. Einmal hat Erika in ihrer tollkühnen Art als uniformierte englische Kriegsberichterstatterin in einem der Jagdflugzeuge mitfliegen dürfen, und sie erzählte später, dass ihre Maschine dabei mindestens einmal so nah an diejenige des Gegners geraten sei, dass sie durch ihr Fenster im Cockpit sogar in das »unangenehm dünnlippige« Gesicht des deutschen Kampfpiloten habe blicken können. Und abends, als ich im Bett war, musste sie mir den Abschuss einer der deutschen Maschinen demonstrieren, indem sie mit ausgestreckten Armen den britischen Jäger im Sturzflug die unten »ahnungslos« dahinfliegende Messerschmitt angreifen ließ.

Abb. 6–8 Das Haus der Familie Mann und sein Garten

Ein Dauerthema im Hause Mann waren ein Jahr nach Kriegsende natürlich die Nürnberger Prozesse und auch das Benehmen der festgesetzten größeren wie kleineren deutschen Kriegsverbrecher. Hierbei spürte ich bereits damals den Unterschied zwischen Erikas Art, darüber zu sprechen, und der ihres Vaters. Mein Großvater begegnete dem Verlauf dieses mammuthaften internationalen Rechtsverfahrens eher mit nobler und resigniert trauriger Zurückhaltung. Nach den Schlussworten der Anklage Anfang September 1946 notierte er in seinem Tagebuch (und denselben Eindruck vermittelte er mir später auch mündlich): »Ein paar werden gehängt werden. Wozu?« Dann allerdings unmittelbar nach der Urteilsverkündung einen Monat später wurde er, wie schon während des Krieges mit deutlichem Blick auf die Opfer der Naziverbrechen, deutlicher: »Die zu hängenden … haben

Abb. 9 Katia und Thomas Mann mit Frido (links) und Toni

kein Erbarmen gekannt. Zahlen für den Genuß frechen Blut- und Machtrausches.« Erika hingegen sprach immer mit ungebremst scharfer Zunge. Für mich unvergesslich bleibt ihr Bericht eben hier, in diesem Zimmer, über ihre anonyme, wortlose »Einzelbesichtigung« der Kriegsverbrecher in Mondorf und in den Nürnberger Gefängniszellen kurz vor ihrer Hinrichtung sowie von den zum Teil grotesken Reaktionen auf ihren »Besuch«, nachdem den Gefangenen Erikas Identität enthüllt worden war. Von Grauen, Abscheu, Schrecken war die Rede. Vor allem Göring, fast aufgelöst vor Panik: »Warum hat man mir das nicht gesagt? Ich hätte sie von meiner Unschuld überzeugen können.« Und sie hatte auch in unmittelbarer Nähe erlebt, wie im Nürnberger Gefängnistrakt plötzlich ein GI-Wachsoldat wie ein Irrer umherrannte und schrie (von ihr eindrucksvoll nachgemacht): »Göring is having the fits«, als dieser in seiner Zelle gerade seine dorthin geschmuggelte Zyankali-Kapsel geschluckt hatte.

Erikas Bruder Golo schilderte mir später die von ihm miterlebte Szene während des Prozesses, als dort ein alter Münchner Jugendfreund mit fragwürdiger Kriegsvergangenheit und jetzt als deutscher Zeitungskorrespondent mit offenen Armen auf Erika zuging und sie sich, als sie ihn erkannte, in ihrer Uniform wie eine Amazone aussehend, kerzengerade von ihm wegdrehte und stolz davonschritt. Erika hatte bereits zu Kriegsende das eben befreite Konzentrationslager Dachau mit allen unvorstellbar grauenhaften Entdeckungen, die dort offenbar wurden, besichtigt. Sie erzählte mir, dort sei auch eine Reihe von in Gewahrsam genommenen und auf ihre Aburteilung wartenden SS-Aufseher in Käfigen »ausgestellt« gewesen. Zu einem von ihnen sei sie in ihrer englischen Uniform möglichst nah ans Gitter getreten und habe diesem in breitem Bayerisch »Drecksau« zugezischt. Und wenn sie mir wiederholt, wahrscheinlich auf meinen Wunsch hin, detailliert die in den Lagern praktizierten Foltermethoden in einer Art Rollenspiel zwischen zwei von ihr furchterregend gespielten sadistischen Aufsehern darstellte (wobei sich der Vorname des einen, Franz-Jochen, mir offenbar unauslöschlich eingeprägt hat), dann sicherlich, weil sie noch mindestens ein Jahr später selber unter einem gewissen Schock stand angesichts der Scheußlichkeiten, die sie damals hautnah erfahren hatte. Außerdem schilderte sie mir, dass sie während der schrittweisen Befreiung Frankreichs im Spätsommer 1944 mit ihrem Militärjeep einmal aus Versehen um ein Haar in eine der für ihre »Vergeltungsaktionen« besonders berüchtigten »deutschen Taschen«, wie Erika es nannte, hineingeraten sei. Dabei erfuhr ich auch, dass sie etwas später, wahrscheinlich mit demselben Jeep, in Warschau wegen der Einsturzgefahr der dortigen Häuserruinen nur im Schritttempo fahren durfte und dass in diesen Ruinen nachts Wölfe aus den umgebenden Wäldern hausten.

Dies sind Berichte noch aus der Kriegszeit, die ich von Erika erst etwa ein Jahr später aufzunehmen in der Lage war, nicht nur verstandesmäßig, sondern auch äußerlich. Denn zwischen den Weihnachtstagen 1945 und Ende September 1946 war ich meines Wissens nie in Pacific Palisades gewesen, weil genau in diese Zeit, Mai 1946, Thomas Manns schwere Krankheit und Operation fiel, über die damals in meiner Gegenwart nie gesprochen wurde, es sei denn, ich habe sie ähnlich verdrängt wie sämtliche frühen Erinnerungen an meinen Onkel Klaus aufgrund seines Selbstmordes 1949. Auch Thomas Mann gegenüber wurde seine Krebserkrankung bis zuletzt verschwiegen, und er selbst sprach immer neutral von einer Lungenerkrankung oder einem »Lungen-Abszess«. Mir ist immer wieder gesagt worden, sein starker Wille, die durch seine Krankheit unterbrochene Niederschrift des *Doktor Faustus* um jeden Preis zu Ende zu bringen, habe ihn die lebensgefährliche Lungenoperation überstehen lassen. Davor hatte er am XXXIV. Kapitel mit dem Oratorium *Apocalypsis cum figuris* gearbeitet und setzte schon sehr früh während der Rekonvaleszenz seine Arbeit daran fort. Wenn ich mir den Anfang von Kapitel XXXVI ansehe: »O Deutschland, du gehst zu Grunde, und ich gedenke deiner Hoffnungen«, verfasst ein Jahr nach Kriegsende und mitten in den Nürnberger Kriegsverbrecherprozessen, erinnert mich dies wieder lebhaft daran, dass das Untergangsbuch *Doktor Faustus* auch ein Buch des Leidens und der Trauer um Thomas Manns verlorenes Land ist, ein Buch, das an seiner seelischen und körperlichen Gesundheit mächtig gezehrt hat, was höchstwahrscheinlich auch ein Faktor für seine Krebserkrankung gewesen ist.

In den Monaten vor der Einholung der endgültigen ärztlichen Diagnose und dem rasch erfolgten Eingriff ist sein Tagebuch voll von Klagen über starke gesundheitliche Störungen vor allem an den Atemwegen sowie über seine oft angegriffenen Nerven. Anfang April bricht das Tagebuch bis kurz nach der Operation Ende Mai ab. Und in der letzten Eintragung vor dem Abbruch steht geschrieben, dass »sicher der schreckliche Roman zusammen mit den deutschen Ärgernissen an der Erkrankung schuld« sei. Noch am 24. Juni, kaum ein Jahr nach Kriegsende, tauchen schon die ersten ernsthaften Ängste vor einem nächsten Weltkrieg auf: »Die Vorbereitungen zum nächsten Krieg in vollem Gange. Nicht mehr meine Sache – und sollte niemandes Sache sein.« Nach meinen Kenntnissen der damaligen politischen Lage neige ich dazu, diese Einschätzung trotz der beginnenden Konflikte und dem Waffengeplänkel zwischen den beiden großen Siegermächten als etwas überzogen zu sehen. Andererseits sah Thomas Mann doch hochsensibel voraus, was sich schon vor Ende der Nürnberger Kriegsverbrecherprozesse, die die vier Mächte noch einigten, bereits an neuen Spannungen, Konflikten und Ängsten anbahnte und welcher Hass, welche neuen Feindbilder und gefährlichen Koalitionen geschaffen wurden, die wiederum nur ein, zwei Jahre später in offene Konflikte umschlagen sollten.

Endlich klingelt mein Handy. Es ist Peter Bronn, der eben eingetroffen ist und unten vor der Haustür auf mich wartet. Ich begebe mich rasch zu ihm, begrüße und führe ihn mit einigen Erläuterungen durchs Haus. In der oberen Etage setzen wir uns nach einem kurzen Rundgang in Erikas früheres

Zimmer, wo ich für meinen Gast vorsorglich einen zweiten Stuhl bereitgestellt habe.

Nachdem wir bei unserem ersten Wiedersehen nach so langer Zeit erst einmal die wichtigsten persönlichen Ereignisse ausgetauscht haben, kläre ich Peter nochmals kurz über den Grund meines Besuchs im hiesigen Haus als Honorary Fellow auf und rekapituliere das Wichtigste vom transatlantischen Residenz- und Dialogprogramm der deutschen Bundesregierung. Als ich auf meine Kindheitserinnerungen speziell in diesem Raum hier hinweise, vor allem auf diejenigen kurz nach dem Krieg, meint er:

»Ich besuchte damals in Berkeley gerade die Junior High School, und ich bemerkte sehr früh die politischen Veränderungen in unserem Land, in das meine Eltern aus Deutschland emigriert waren. Ich bekam mit, wie schon bald nach Kriegsende die Siegermächte aneinandergerieten und wie hierzulande herumexperimentiert wurde mit den ersten Missiles gegen potentielle Atombomben.«

»In Thomas Manns Tagebuch steht bereits im Juni 1946 sogar etwas von Vorbereitungen ... ja ... ›Vorbereitungen zum nächsten Krieg in vollem Gange‹«, weiß ich zu ergänzen.

»Und die prompte Reaktion hier in Amerika war eine neue Mehrheit der Republikaner bei den Kongresswahlen im November«, erinnert sich Peter. »Mein Vater war sehr unglücklich darüber.«

»Und das hatte auch Folgen für die Haltung einiger Politiker gegenüber den Naziverbrechen noch vor dem Ende der Nürnberger Prozesse. Ich erinnere mich, dass meine Tante Erika damals eine scharfe öffentliche Rede gegen einen republikanischen Senator gehalten hat, weil der ausgerechnet die Nürnberger Prozesse verurteilt hatte.«

»Was? Wirklich verurteilt?«, fragt Peter entsetzt.

»Es war dieser erzkonservative Republikaner aus Ohio, Robert Taft, der sich 1948 und später nochmals 1952 um die Nominierung zum republikanischen Präsidentschaftskandidaten bemühte, dann jedoch dem Charisma von Eisenhower unterlag. Ich glaube nicht, dass Taft persönliche Sympathien für die Nazi-Kriegsverbrecher hegte. Eher war dies ein Ausdruck seiner isolationistischen Haltung. Wahrscheinlich fand er, dass die Naziverbrechen Amerika nichts angingen und unser Land sich da herauszuhalten habe. Viel schlimmer finde ich, dass sich, wie ebenfalls in Thomas Manns Tagebuch nachzulesen ist, Papst Pius XII. über den Münchner Kardinal Faulhaber für eine Begnadigung des in Nürnberg zum Tode verurteilten Schlächters von Polen, Hans Frank, eingesetzt hat, wahrscheinlich, weil dieser kurz vor seiner Hinrichtung zum Katholizismus konvertiert war.«

»Ja, aber dann wurde es in Amerika immer schlimmer, sukzessiv und unaufhaltsam«, erwidert Peter mit ernstem Gesicht.

»Ich weiß das sehr wohl«, entgegne ich trocken. »Wir haben ja dann alle einige Jahre später Konsequenzen gezogen und sind nach Europa zurückgekehrt.« Ich erhebe mich kurz, trete ans Fenster und blicke in den Garten. »Deine Mitwirkung am Wiederaufbau in dem von den USA zerstörten Nordvietnam zwanzig Jahre später habe ich zeitlebens bewundert«, sage ich Peter, nachdem ich mich wieder hingesetzt habe.

»Noch in den achtziger- und neunziger Jahren haben mir in Amerika, selbst in Kalifornien, viele meine Solidarität mit dem so schwer heimgesuchten nordvietnamesischen Volk übelgenommen. Aber mit der Präsidentschaft von Bush senior und vor allem Bush junior ab den neunziger Jahren änderte sich das. Und dass meine Stimme heute hier gehört wird, habe ich vermutlich dem unter moralischem Schwachsinn leidenden aktuellen Präsidenten zu verdanken, gegen den sich jetzt besonders in Kalifornien ein immer energischerer Widerstand formiert«, meint Peter lakonisch. Denn entlang der Westküste hat sich in den letzten zwanzig Jahren eine Art intellektueller Korridor von der kanadischen bis zur mexikanischen Grenze entwickelt.

»Du hast heute in Los Angeles ein Sponsoren-Meeting? Wegen Geldern zugunsten von Kliniken und Beratungsstellen für eine humane Familienplanung mit Maßnahmen für indizierten Schwangerschaftsabbruch und Schwangerschaftsverhütung? Sozusagen als Trojanisches Pferd gegen die Kürzungen im Gesundheitswesen durch die Republikaner auf Bundesebene?«

»Ja. Es geht um das von beiden Kammern unseres Staatsparlaments mehrheitlich genehmigte Millionenprojekt der neu aufzubauenden Klinik für ›Planned Parenthood‹, besonders für die sozial schwachen Bevölkerungsschichten in San José. Das gelang dank der satten Mehrheit von uns Demokraten sowohl im vierzigköpfigen Senat als auch in unserer State Assembly.«

»Ich finde, dass sich von diesem in Amerika wirklich vorbildhaften Ausmaß an Eigeninitiative Europa eine Scheibe abschneiden könnte. Dies scheint mir jetzt für Kalifornien die einzige Rettung vor dem Moloch in Washington zu sein. Wie sehr ich mir für die zukünftigen Fellows hier wünsche, dass sie diese schöne Seite Amerikas mit nach Hause nehmen. ›Learning by doing‹ statt endlos mit deutscher Tiefgründigkeit daherreden.«

»Ja, aber ich glaube, dass sich in Deutschland diesbezüglich über die Jahrzehnte einiges gebessert hat«, meint Peter.

»Du wärst nicht nur für deine deutschen Ärztekollegen,

sondern für alle zukünftigen Stipendiaten in diesem Haus ein unentbehrlicher Kenner der gesellschaftspolitischen Eigenheiten Amerikas und sicher auch ein kompetenter Analytiker der Gründe für das Zustandekommen dieses traurigen Wahlergebnisses. Ich möchte mir gar nicht ausmalen, wie viele Bürger inzwischen ihre Wahlentscheidung bereuen.«

»Meinst du meine armen, drogenabhängigen Patienten in Ohio?«

»Na ja, aus denen rekrutiert sich doch das hauptsächliche Wählerpotential für diese Katastrophenwahl. Oder sehe ich das falsch?«

»Es stimmt, dass die soziale und psychologische Verfassung dieser ärmsten weißen Amerikaner das Phänomen Trump wesentlich miterklärt.«

»Was meinst du damit?«

»Diese Population gehört an sich der ältesten und größten Industrieregion der USA in den Steinkohle- und Erzrevieren der nordöstlichen Appalachen an, dem ›Manufacturing Belt‹, heute ›Rust Belt‹ genannt, der sich entlang der Großen Seen von Chicago über Detroit, Cleveland, Cincinnati und Pittsburgh bis nach Alabama im Süden erstreckt. Die wirtschaftliche Bedeutung dieser Region nahm mit der ersten Krise 1970 und dann erst recht in den frühen neunziger Jahren unter Präsident Bush senior rapide ab, und dies hatte die ersten massiven Abwanderungen aus dieser Region zur Folge.«

»Weswegen Trump nach seiner Wahl den Kohlebergbau wiederbeleben wollte ...«

»Das war eines seiner benebelnden Wahlversprechen. Und selbst wenn er das ernsthaft gewollt hätte, wäre die Rückkehr zur luftverpestenden Kohle heute ein undurchführbarer Anachronismus.«

»Was lässt sich dann noch für diese Menschen tun?«

»Außer dem bisschen Flickschusterei, wie ich sie versuche, ist das in der jetzigen verfahrenen Situation schwer zu sagen.«

»Aber man wird diese Wahlmisere auf keinen Fall einseitig auf eine bestimmte Region in Amerika beschränken können«, versuche ich dagegenzuhalten.

»Natürlich nicht«, wehrt Peter entsetzt ab. »Das Ganze ist eine gesamtamerikanische Misere. Aber Amerikas Problem schürft sich besonders in dieser Region auf.«

»Die du auch besonders gut kennengelernt hast.«

»Die in der verwaisten Bergbauregion sitzengebliebenen Einwohner sind heimgesucht von großer Armut, geringer sozialer Mobilität, exzessivem Drogen- und Alkoholkonsum, hoher Gewaltbereitschaft und einer erschreckenden Suizid- und Ehescheidungsrate mit allen verheerenden Folgen, besonders für die dortigen Kinder. Und obwohl sie nicht unbedingt ärmer als viele Schwarze oder Latinos im Lande sind, ist der Leidensdruck dieser Menschen größer und ihr Selbstbewusstsein geringer als das von denen, die nie etwas Besseres kannten. Die ›Hillbillys‹, wie sie sich angesichts ihrer Beheimatung in einer Bergbauregion gern selber nennen, gehören schließlich der einst überlegenen weißen protestantischen Bevölkerungsschicht Amerikas an. Ihr Gefühl von Aussichtslosigkeit führt dazu, dass chronische Depression, aufgestaute und zerstörerische Wut, krankmachende Fast-Food-Ernährung und lethargische Abstumpfung zu einer regelrechten Volkskrankheit geworden sind.«

»Es tut mir übrigens leid, dass ich dir hier nichts zum Trinken oder Knabbern anbieten kann. Das Haus befindet sich erst im Aufbau für die Wiedereröffnung im Juni«, flechte ich zwischendurch entschuldigend in unser Gespräch ein.

»Ich weiß das«, entgegnet Peter lächelnd. »Danke. Ich bin bestens versorgt.«

»Und du fühlst dich dazu aufgerufen, besonders den Menschen in dieser Elendsgegend zur Seite zu stehen?«, fahre ich nun fort.

»Mir ist das sicher auch wichtig, um gerade an diesem besonderen Beispiel die Hintergründe des allgemeinen Niedergangs in Amerika besser zu verstehen, auch für mein politisches Handeln hier in der noch frisch gebliebenen Atemluft Kaliforniens. Aber ich sehe darin auch einfach einen Akt der Solidarität mit diesen abgehängten Menschen im amerikanischen Nordosten und einen Versuch, mit den äußerst bescheidenen, mir zu Gebote stehenden Mitteln minimale Hilfeleistung zu erbringen.«

»Es muss doch wahnsinnig anstrengend und aufwendig sein, immer so weit zu reisen und unter diesen traurigen Umständen Menschen notdürftig zu versorgen, soweit dies möglich ist. Gerade Drogen gehören doch bekanntlich zum therapieresistentesten Bereich des Gesundheitswesens.«

»Sicher. Nur muss man sich immer klar darüber sein, woher dieses Drogenproblem kommt. Die Infrastruktur meines Städtchens im Bundesstaat Ohio ist mehr als trostlos. Graue Wohnwagensiedlungen, Farmhäuser und Siedlerhöfe mit Marihuanapflanzungen in den Gärten. Einstürzende Schuppen mit verrottenden Möbeln davor und streunende und nach Futter suchende Hunde. Dazu die leerstehenden Lagerhäuser und Fabrikgelände. Auch an Pfandhäusern fehlt es nicht. Und den Kindern stehen nur Einraumschulen mit verfallenden Sportplätzen zur Verfügung. Gerade letzte Woche konnte ich von meiner Drogenberatungsstelle aus beobachten, wie zwei Jungs fast den ganzen Nachmittag lang auf dem Sportplatz am Netz eines Basketballkörbchens herum flickten. Und in den Häusern, die ich besuche, sieht es immer wieder schlimm aus. Vor allem in den Küchen der überall herumliegende Müll und die Stapel von dreckigem Geschirr und die Kochtöpfe mit stinkenden Essensresten drin.«

»Ich stelle mir die Lage der alldem wehrlos ausgelieferten Kinder besonders schrecklich vor«, werde ich nicht müde zu fragen, obwohl ich befürchte, Peter langsam damit zu belasten, da ich merke, dass auch mich dieses Thema mitnimmt. Peter fährt jedoch in stoischem Gleichmut mit seinen Schilderungen fort. Er macht sogar den Eindruck, dass es ihm guttut, seine ihn belastenden Eindrücke loszuwerden.

»Die sind in der Tat nicht zu beneiden«, sagt er. »Eine erschreckend große Zahl von ihnen hat keine oder mehrfach wechselnde Väter. Laut Statistik machen solche Kinder in Frankreich nur ein halbes Prozent der Gesamtbevölkerung aus und in Schweden etwa 2,6 %. In den USA sind es insgesamt 8,2 % und in der Appalachenregion noch erheblich mehr. Dazu passt, dass Kindesmisshandlungen an der Tagesordnung sind. Und wie viele der Kinder werden erst gar nicht geboren. Die Zahl der Fehlgeburten ist bestürzend hoch. Die lebenden Kinder sind gesundheitlich allein schon aufgrund ihrer katastrophal unausgewogenen und zuckerreichen Ernährung schlecht dran. Das zeigen schon ihre schadhaften Zähne. Das Schlimmste aber und wirklich Unerträgliche ist, womit gerade ich dort fast täglich konfrontiert bin, dass viele Kinder …« Hier unterbricht Peter kurz und beginnt dann stockend zu sprechen. »Pro Jahr werden in dieser Gegend Dutzende von Kindern zu Opfern einer Überdosis etwa von … von Heroin. Ich habe schon mehrmals ein sterbendes Kind erlebt … Das ist so schrecklich, dass sich das mit Worten nicht beschreiben lässt.« Und nach einer kurzen, bedrückenden Pause fügt er leise hinzu: »Deshalb ist es auch kein Wunder, dass es höchstens ein Fünftel aller dortigen Kinder zu einem Highschool-Abschluss bringt.«

»Das also ist dort vom amerikanischen Traum übrig geblieben«, äußere ich spontan und bemerke zu spät, wie unpassend und plump diese Bemerkung ist, die ich aus purer Verlegenheit von mir gegeben habe.

»Der amerikanische Bestsellerautor James David Vance hat diese ganze Problematik eindringlich in seinem kürzlich erschienenen und meines Wissens auch ins Deutsche übersetzten Buch *Hillbilly-Elegie. Die Geschichte meiner Familie und einer Gesellschaft in der Krise* beschrieben. Kennst du das Buch?«

»Vom Hörensagen, ja.«

»Vance ist zuerst in Kentucky und dann in Ohio aufgewachsen, hat sich dann aber als junger Mann von dort losgeeist, hat an der Elite-Universität Yale mit glänzendem Abschluss Jura studiert und ging danach als Investor ins Silicon Valley in ein Bürohaus aus Beton und Glas, mit noblem Mobiliar und einem herrlichen Blick. Das hat er so lange gemacht, bis ihn die Schuldgefühle gegenüber seinen Mitbürgern packten und er wieder zurück nach Ohio zog, um dort sein Expertenwissen sinnvoller einzusetzen.«

»Bist du Vance dort, wo du arbeitest, schon mal persönlich begegnet?«

»Nein, nein. Er lebt in einer anderen Stadt. Aber das von ihm Geschilderte und meine Erfahrungen decken sich fast. Ich bin trotz allem doch auch immer froh, nach den beschwerlichen Tagen in Ohio in mein kalifornisches Eldorado zurückzufliegen und mich zu erholen, um dann für meine nächste Reise dorthin wieder fit zu sein.«

Ich bin froh, dass Peter jetzt eine etwas längere Pause einschiebt, in der ich von der Fülle der niederdrückenden Neuigkeiten etwas Luft holen kann, obwohl ich trotzdem neugierig darauf bleibe, von seiner Seite noch mehr zu hören. Unwillkürlich denke ich an den Auftrag an uns Fellows in diesem Haus, und mich beschleicht wieder einmal die Frage, wieweit wir alle dieser Aufgabe wirklich gewachsen sind.

»Das ganze Elend zeigt sich besonders im Familienleben dieser Menschen«, fährt Peter schließlich nach einer Weile fort. »Was ich bisher nur aus islamischen Kulturen oder aus dem tiefsten Sizilien kannte, gehört auch dort zu den schlimmsten Unsitten«, sagt er. »Ich meine die Vendetta. James David Vance weiß in seinem Buch einige Fälle aufzuzählen, in denen die von einem Mann ›entehrte‹ Schwester seitens ihres Bruders, Vaters oder Onkels mit dem Schlimmsten rechnen muss, bis hin zum ›Ehrenmord‹.«

»Islam oder Sizilien sagst du? Dieser Anachronismus kann doch nur religiöse Wurzeln haben. Ich höre immer wieder, dass die Trump-Wähler mehrheitlich evangelikal sind. Hat diese Vendetta einen evangelikalen Hintergrund?«

»Für alle Evangelikalen ist die Welt ein furchteinflößender, finsterer Ort. Schon die geringste Abweichung von der ›wahren‹ Bibelauslegung wie etwa dem wörtlichen Verständnis des Siebentage-Schöpfungsberichts ist nicht nur falsch, sondern eine schlimme Häresie, die mit den härtesten Höllenstrafen geahndet wird. Dasselbe gilt für die kleinste Übertretung von den engsten Moralvorschriften, deren Einhaltung viel wichtiger ist als jede Nächstenliebe.«

»Auch die sogenannte Verunehrung einer Frau?«

»Die Hauptaufgabe der evangelikalen Feuer-und-Schwefel-Prediger ist es, ihren Schäfchen einzuheizen, dass derjenige, der die moralischen Gesetze nicht einhält und nicht genug Buße tut, kein ›wahrer‹ Christ mehr ist und deshalb diskriminiert gehört und zu Höllenqualen verdammt ist. Diese apokalyptische Angst, die zwanghafte Kontrolle und der missionarische Psychoterror sind mir so nur aus Calvins Genfer Kirchenstaat und aus der spanischen und römischen Inquisition bekannt.«

Ich merke, wie mir im Moment das alles unerträglich viel wird. Ich schlage deshalb Peter vor, dass wir das kahle und unwirtliche Zimmer verlassen und bei dem schönen Frühlingswetter draußen ein paar Schritte gehen.

Bevor wir das Haus verlassen, bleibt Peter stehen und denkt konzentriert nach. Während ich versuche, von seinem Gesicht abzulesen, was ihm gerade durch den Kopf geht, taucht plötzlich bei mir eine Frage auf, die ich möglichst rasch anbringen möchte.

»Ich weiß, dass heute in Amerika eine gefährliche politische Koalition herrscht zwischen Evangelikalen und der republikanischen Partei. Neben dem Schwerpunkt auf dem Wirtschaftlichen bei den Republikanern ist der gemeinsame Nenner die Rassenpolitik, religiöses Eiferertum und ein ewig gestriger Wertkonservatismus. Seit wann besteht diese unangenehme Koalition in dieser Form?«

»Die Evangelikalen identifizieren sich schon seit etwa den siebziger- und achtziger Jahren zunehmend mit den Republikanern und umgekehrt«, erklärt Peter, nachdem er einen Augenblick überlegt hat. »Dafür hat sicher eine Rolle gespielt, dass die erzkonservativen Demokraten in den Südstaaten zur Republikanischen Partei gewechselt sind und im selben Zuge die Afroamerikaner fast geschlossen zu den Demokraten. Damit ist die Republikanische Partei jetzt fast ausschließlich weiß und christlich, und die demokratische Partei besteht vor allem aus Städtern, Minderheiten und Nichtgläubigen. Das Fazit ist, dass sich mit diesen beiden

Parteien inzwischen zwei ganze Bevölkerungsgruppen einander fast feindselig gegenüberstehen und sich gegenseitig als existentielle Gefahr ansehen. Diese Feindseligkeit geht vor allem von den Republikanern aus und hat manchmal fast hysterische Züge. Die kämpfen besonders erbittert und oft mit den unfairsten Mitteln um Werte, die für unsereins oft zu Unwerten geworden sind und ohne die sie sich ihrer ganz dem Gestern verhafteten Existenz beraubt fühlen. Auf der ganzen Linie sehe ich da nur Angst, Angst, Angst ... und dann, auch wie immer, diesen ewigen Teufelskreis aus Angst, Gier und Dummheit oder Verbohrtheit.«

»Und das gilt nicht nur für die Appalachen-Region, sondern für ganz Amerika?«, frage ich vorsichtig.

»Ja. Nur dass jetzt die politische Haltung der Appalachen-Bewohner, die sich abgehängt fühlen und den Eindruck haben, zu kurz gekommen zu sein, und jene des übrigen Amerikas sich im Zuge des allgemeinen Niedergangs einander annähern. Wenn demagogische Populisten in den Zwanziger- und Dreißigerjahren wie Henry Ford oder Huey Long und später Joseph McCarthy nie mehr als dreißig Prozent der Stimmen bekommen haben, so hat es jetzt sogar eine Schießbudenfigur wie Donald Trump geschafft, das Weiße Haus zu erobern, unter welchem zusätzlichen Einsatz von kriminellen Machenschaften auch immer. In ganz Amerika ist das sicher auch eine Art Gegenreaktion zu wichtigen Demokratisierungsmaßnahmen während der sechziger Jahre. 1965 waren es der Civil Rights Act und der Voting Rights Act, wodurch die Afroamerikaner mit den Weißen gleichberechtigt wählen durften, und dann erfolgte die Einwanderungsreform ebenfalls Mitte der sechziger Jahre.«

»Das klingt hart.«

»Ja, das ist aber auch hart. Wir müssen nur aufpassen,

dass wir uns nicht mit Polemik begnügen. Trump und seine Leute sind nun einmal da. Die entscheidende Frage ist, ob und in welchem Maß sie weiter politisch Unheil anrichten können. Ein Trost bleibt: Das Amt des Präsidenten der Vereinigten Staaten von Amerika hat sich bislang immer noch stärker als seine Inhaber erwiesen. Doch die Gefahr besteht, dass die Abrissbirne weder vor dem Oval Office noch vor dem transatlantischen Miteinander haltmachen wird.«

»Und was heißt das für die Zukunft? Ich meine für später, wenn Trump nicht mehr da ist, egal wann und wie er endlich abtritt. Glaubst du, dass sich danach ernsthaft etwas zum Besseren wendet?«

»Nein, aber ich glaube, dass die derzeitige Situation in Amerika zwar schlecht bis sehr schlecht ist, aber noch nicht alarmierend, solange einigermaßen bei Trost gebliebene Menschen um unseren eingeschränkt zurechnungsfähigen Präsidenten herum es schaffen, diesen in erster Linie immer in angemessenem Abstand vom roten Atomknopf zu halten. Ansonsten funktioniert, sogar gegen Trumps bösartige Intentionen, unser Rechtssystem auszuhöhlen, dasselbe immer noch viel besser als etwa in der Türkei, in Russland, in Ungarn oder Syrien, weil unsere Demokratie älter ist und schon so einige Schocks überstanden hat. Dass hier noch praktisch täglich öffentliche Debatten stattfinden, ist in meinen Augen ein untrügliches Zeichen für die Robustheit unseres Systems. Ich glaube fast, dass wir zusammen mit Daniel Ziblatt von der Harvard-Universität sagen können, dass wir Glück haben, dass Trump so inkompetent ist. Das bedeutet allerdings, dass wir nicht wissen, was nach ihm sein wird, und erst recht nicht, dass wir uns darauf verlassen können, dass es nicht noch schlimmer kommt. Vielleicht haben wir bisher einfach Glück gehabt.«

»Aber gefährlich ist und bleibt er trotz alledem.«

»Trump ist, laut seinem durch *Fire and Fury* bekannt gewordenen Biographen Michael Wolff, der Trump schon viele Jahre persönlich gut kennt, politisch völlig ahnungslos und intelligenzmäßig so weit überfordert, dass er unfähig ist, allein irgendwelche Entscheidungen zu treffen, sondern im Grund seinen Familienclan für sich regieren lässt. Er ist nicht nur ein Autist, sondern praktisch auch ein Analphabet. Er liest keine Zeile, kann keine Sekunde anderen Menschen zuhören, versteht nicht, was andere sagen, sondern bezieht sein ganzes Scheinwissen und seine ganzen paranoiden Vorurteile aus dem Fernsehen, vor dem er abends stundenlang, Burger essend, sitzt. Und laut Michael Wolff musste ihm seine Tochter Ivanka Bilder von getöteten Kindern in Syrien im Großformat zeigen, weil er dies auf kleinen Bildern gar nicht versteht. Die Verbindung aus pathologischer Geltungssucht und geistiger Beschränkung bei ihm hätte schon fast etwas Tragisches an sich, wäre diese Verbindung angesichts seiner Position als mächtigster Mann der Welt nicht so gefährlich und so unberechenbar für uns alle, nicht zuletzt auch wegen seiner abstoßend cholerischen Ausbrüche, mit denen er seine kurzlebigen ›Entscheidungen‹ kommuniziert und nach der Art eines Amokläufers umsetzt … Da hast du recht: Er ist eine Symbolfigur für die Talsohle der Entwicklung, in der sich unser Land befindet, dessen kulturelle Ressourcen bald erschöpft sein werden, wenn das so weitergeht. Aber ob und wieweit dies wirklich der Fall ist, lässt sich gerade in einem Land wie Amerika überhaupt nicht vorhersagen. Ich persönlich glaube das auch nicht.«

»Nur frage ich mich, was sich da ändern müsste, damit es nicht so wird. Ist es nicht letztlich das amerikanische Schulsystem, das für die in der Bevölkerung fehlende Bildung verantwortlich ist?«

»Ich fürchte, dass da viel dran ist. Aufgrund der föderalistischen Staatsform ist das amerikanische Schulsystem ausschließlich eine Angelegenheit der einzelnen Bundesstaaten, was zu einer wenig übersichtlichen und wenig effektiven Gesamtsituation führt. Diese Zersplitterung erstreckt sich sogar auf die Regelung der Schulpflicht. Weit verbreitet ist das ›Unschooling‹, das heißt ein vom Kind geleitetes Lernen, oder das ›Homeschooling‹, der Hausunterricht. Gründe dafür sind mit Klassengemeinschaften unverträgliche religiöse Überzeugungen, Behinderungen, besondere Probleme wie Mobbing oder sogar Drogen oder zu lange Schulwege. Kein Wunder, dass jedenfalls die öffentlichen Schulen, statistisch gesehen, keine effektiven Bildungsanstalten sind. Anders die privaten weltlichen wie konfessionellen Schulen. Aber die werden von nur etwa zehn Prozent der US-Schüler besucht. Beinahe jeder dritte Amerikaner verlässt die Schule ohne Abschluss, ganz abgesehen von den Kindern völlig ohne Schulbesuch. Jedenfalls sind schon von diversen Wirtschaftsführern Bedenken wegen der minderen Qualität des US-Bildungssystems geäußert worden.«

Als wir endlich ins Freie treten und auf dem Gehweg dem Ausgang zustreben, merke ich, dass mich all die doch sehr pessimistisch stimmenden Reden ziemlich verunsichert haben. Auch bezüglich der Pläne der deutschen Bundesregierung, einen effektiven Informationsaustausch und einen menschlich-kulturell aufbauenden und womöglich vorbildhaften Dialog zwischen zwei miteinander befreundeten Ländern zustande zu bringen.

Doch dann plötzlich, so als hätte Peter diese Verunsicherung meinerseits gespürt oder als wollte auch er gegen eine in ihm aufkommende Verunsicherung ankämpfen, wendet er sich mir zu und meint, mit einem stolzen und sicheren Leuchten in seinen Augen: »Ich habe es dir schon ganz am Anfang gesagt. Wir dürfen uns von der Situation auf Bundesebene nicht irre machen lassen. Hier in unserer amerikanischen Demokratie gilt immer noch, dass es nicht nur individuelle Schlupflöcher gibt, sondern auch vorbildhafte föderale Eigenwege der einzelnen Bundesstaaten, die uns niemand versperren kann. Dazu gehört auch unser Kalifornien und dessen Belange, zu denen so zentrale Dinge gehören wie das Gesundheitswesen, für das wir gegen alle Kürzungs- und Einengungsversuche auf Bundesebene und im Interesse vor allem der mittellosen Menschen im Lande kämpfen müssen, notfalls auf eigener gesetzlicher Grundlage.«

Ich nicke Peter nachdrücklich zustimmend zu.

»Man mag dies ganz positiv als eine legal funktionierende Subkultur betrachten, sozusagen als Oase in einer Wüste destruktiver Umtriebe seitens eines irrlichternden Cholerikers auf dem Präsidentenstuhl. Und solche Oasen gibt es glücklicherweise in Amerika einige«, fügt Peter noch rasch hinzu.

Ich will ihn gerade ermutigen, für dieses so vorbildhafte pragmatische Vorgehen hierzulande auch bei den deutschen Fellows zu werben, doch dann fällt er mir ins Wort.

»Mir kommt unser Wirken als föderaler David gegen Goliath auf sozialer, kultureller und gesellschaftlicher Ebene ein bisschen so vor wie die Rolle der Klöster in Europa während der Schreckenszeit der Völkerwanderung am Ende der Antike«, sagt er. »Durch die Rettung von kostbaren Artefakten aus der Antike haben die Klöster einen wesentlichen Beitrag zur Kontinuität der abendländischen Kultur geleistet.«

Obwohl ich ihm etwas anderes hatte sagen wollen, freue

ich mich, dass wir so sehr ähnlich denken. Auch ich halte mich trotz aller Skepsis und gegen alle mich immer wieder beschleichenden Zweifel gern an der Hoffnung fest, dass wir Menschen auch diesmal nicht untergehen, sondern bestehen werden, indem wir immer wieder von neuem säen und pflanzen und, gegen alle Anfechtungen und Rückschläge, unsere Erde und die Menschen um uns herum unerschütterlich lieben und schützen wollen.

Donnerstag, 8. März 2018

Inzwischen ist der vierte Tag meines Aufenthalts im umgebauten Haus angebrochen, dessen feierliche Eröffnung bald bevorsteht. Die ersten beiden Hauseinweihungen waren privater und sicher stillerer Natur gewesen. Die erste 1942, als meine Großeltern in das eben schlüsselfertig gewordene Haus einzogen, und dann, rund elf Jahre später, nach dessen Verkauf an die nächsten, damals blutjungen Eigentümer. Die dritte, jetzt bevorstehende offizielle Einweihung allerdings wird andere Dimensionen annehmen. Es wird die großangelegte Eröffnung einer Institution von internationaler Bedeutung mit gleichzeitigem Startschuss für das interdisziplinäre Fellow-Programm. An dem Festakt werden Honoratioren von der amerikanischen und der deutschen Seite teilnehmen, mit Eröffnungsreden, musikalischen Beiträgen und umfangreicher Bewirtung für einen handverlesenen Kreis von Gästen.

Als erster Eingeladener habe ich schon in mehreren der renovierten Räume versucht, mich in deren vorgesehene Nutzung hineinzudenken, so wie sie von der Leitung dieses Hauses im Geiste des Erbauers und Ersteigentümers Thomas Mann geplant ist. Thomas Mann wird während der zukünftigen Nutzung die zentrale Symbolfigur sein für ein anzustrebendes Zusammenleben der Menschen im Sinne unserer Verantwortung für eine lebenswerte Welt, gegen die uns heute zunehmend verunsichernden Konflikte, gegen egoistische Interessen und deren zu Gewalt und Kriegen führende Auswüchse. Sein inspirierender Geist bleibt für jeden, der an den Dialogen mitwirken wird, ein Vorbild, das in diesem Haus nicht Gegenstand abstrakter biographischer oder literaturwissenschaftlicher Forschung sein soll. Vielmehr sollen Thomas Manns Werk und sein Leben die vorgesehene (kultur-) politische Dialogarbeit befruchten und mit Leben erfüllen.

Umso neugieriger bin ich darauf, wie die geplanten Diskurse verlaufen werden. Welche Fellows aus Deutschland mit welchen Berufen werden sich mit welchen amerikanischen Partnern austauschen? Werden die Gespräche auf Anhieb auf einer einvernehmlichen Gesprächsbasis geführt werden, oder wird eine solche, falls es überhaupt dazu kommt, hart erkämpft werden müssen? Was wird, besonders auf lange Sicht, das Ergebnis dieses beiderseitigen, je länger desto vermutlich breiter gefächerten Austauschs sein, innerhalb dessen jedes einzelne Gespräch nur ein kleiner Tropfen sein wird? Und werden sich diese Tropfen verbinden zu einem Gewässer, gar zu einem Ozean? Was werden wir Neues aus alldem lernen?

Da ich mich während der letzten Tage in diesen Räumen manchmal ein wenig eingeschlossen fühlte und mich nach dem so wunderbaren Frühlingswetter unter diesem tiefblauen kalifornischen Himmel sehnte, gehe ich heute ins Freie. Ich setze mich auf die Nebenterrasse vor dem Esszimmer und sinne immer noch dem Gespräch mit Peter nach. Was er mir von dem Rostgürtel erzählte, schockiert mich nach wie vor. Da haben wir es in Europa besser.

Europa. Was für ein Name das war, denke ich, wenn ich mir die Aufbruchsstimmung Thomas Manns etwa zu Beginn des zweiten Friedensjahres vor Augen führe. Europa war nach diesem mörderischen Krieg zu einem vorsichtig, aber doch nostalgisch ausgesprochenen Begriff, einer Art Zauberwort geworden: Europa, das noch knapp zwei Jahre zuvor ein von Kriegsgrauen und Naziterror, Tod und Verwüstung heimgesuchtes und vergiftetes Sperrgebiet auf unbestimmte Zeit gewesen war. Dieser Kontinent war jetzt, besonders seit der endlich abgeschlossenen Entminung des Atlantiks, wieder zugänglich geworden für alle, die ihn vor vielen Jahren hatten verlassen müssen. Dieses endlich befreite Europa hatte wieder seine Tore geöffnet, lud dazu ein, forderte geradezu dazu auf, wieder den Fuß auf den zuletzt Hals über Kopf zurückgelassenen Erdteil zu setzen.

Es mag paradox klingen: Thomas Mann und seine Familie waren ja ab 1936, nach der Aberkennung der deutschen Staatsbürgerschaft, tschechoslowakische Staatsangehörige, mit Ausnahme von Erika, die durch ihre Heirat mit dem britischen Staatsbürger Wystan H. Auden einen englischen Pass besaß. Nachdem ihnen 1944 die amerikanische Staatsbürgerschaft verliehen worden war, wurden die Manns 1947 endlich mit Reisepässen ausgestattet. Ein Grund, sich in ihrem neuen Exilort so heimisch einzurichten, dass Sommerausflüge auf den von Krieg und Terror niedergewalzten europäischen Kontinent erst recht fernliegen durften. Aber gerade die Möglichkeit, endlich mit offiziell anerkannten Ausweisen (im Vergleich zu den tschechoslowakischen Flüchtlingspässen) reisen zu können, war andererseits ein besonderer Anreiz, die Gelegenheit zu nutzen und den alten Heimatkontinent wieder aufzusuchen, ganz gleich, in welchem Zustand sich dieser befand.

Ich selbst habe als Kind und gebürtiger Amerikaner diesen magischen Namen »Europa« zwar nie mit irgendwelchen Heimatgefühlen verbunden. Meine Heimat war für mich so sehr Amerika, dass ich mit dem fast drängenden Wunsch meiner Eltern und Großeltern, für eine begrenzte Zeit nach Europa aufzubrechen, zuerst nicht viel anzufangen wusste. Trotzdem spürte ich, dass dieser Name für meine Familie, auch für die Großeltern, Onkel und Tanten, etwas ungeheuer Wichtiges bedeutete. Obwohl sie in Amerika willkommen geheißen wurden und sich hier heimisch fühlten, ist für sie Europa anscheinend die wirkliche Heimat geblieben, in die sie, wenn sie wollten, inzwischen jederzeit zurückkehren oder die sie wenigstens für eine begrenzte Zeit aufsuchen konnten, um dort neugierig nach denjenigen Veränderungen Ausschau zu halten, die die Turbulenzen und Zerstörungen durch Krieg und Tyrannei bewirkt hatten. Bei den immer intensiveren Planungen und Vorbereitungen auf die große Reise wurde mir deutlich, dass dieses Europa als Ziel erst einmal gleichbedeutend war mit der Schweiz, wo die Familie vor dem Aufbruch nach Amerika ansässig gewesen war. Zu Europa gehörten damit sekundär auch die Länder, durch die man hindurchreisen musste, um in die Schweiz zu gelangen. Deutschland gehörte mit Sicherheit nicht zu diesen Durchreiseländern. 1947 war dieses Land für meine Familie noch tabu. Dazu kam, dass die Schweiz fast als einziges Land Europas vom Krieg weitgehend verschont geblieben war, im Gegensatz zu den Ländern, deren Zerstörungen wahrscheinlich während der Fahrt an uns vorbeiziehen würden.

In meiner ganzen Familie war man sich von vornherein darüber einig, dass der erste Europa-Aufenthalt nach dem Krieg nicht über den kommenden Herbst hinaus dauern würde. Unklar war nur der Zeitpunkt, wer wann wohin aufbrechen und wie lange er dort bleiben würde. Für die drei ehemaligen Angehörigen der alliierten Streitkräfte, Erika, Klaus und Golo, hatte diese Reise nicht dieselbe Bedeutung wie für die anderen von uns, die nach dem Krieg zum ersten Mal vorhatten, Europa zu besuchen. Mein Großvater, so hieß es, würde besonders in der Schweiz und in England Vorträge halten und vor allem in Zürich alte Freunde und Mitstreiter aus den Jahren des Schweizer Exils zwischen 1933 und 1938 treffen. Meine Mutter wollte unbedingt ihre Eltern in der Schweiz wiedersehen, von denen sie sich nur wenige Tage vor Kriegsausbruch Anfang September 1939 in Belgien ins völlig Ungewisse verabschiedet hatte, als man möglicherweise für immer auseinanderging. Meine Großeltern mütterlicherseits kehrten damals zurück in die Schweiz, und meine frisch verheirateten, noch kinderlosen Eltern reisten über England durch den verminten und von deutschen U-Booten belagerten atlantischen Ozean nach Amerika, wo meine anderen Großeltern in Princeton nahe der Ostküste auf ihr unversehrtes Eintreffen hofften.

Trotz meines anfänglichen Desinteresses wurde ich allmählich von diesem Europafieber mit erfasst, als immer häufiger über den Reisetermin und die Reiseroute gesprochen wurde. Der für mich wichtigste Einschnitt während der Reiseplanungen war das Eintreffen eines Bilderbuchs aus der Schweiz, welches unsere mir bislang nur vom Hörensagen bekannte Großmutter mütterlicherseits Wochen oder gar Monate vorher per Schiffspost über den Ozean geschickt hatte, damit wir Kinder eine erste Vorstellung vom Herkunftsland unserer Mutter bekämen. Als es schließlich eintraf und uns von unserer aufgeregten Mutter überreicht wurde, machte ich mich mit besonderer Neugierde über das

Buch her. Dort wird die eindrucksvoll illustrierte Geschichte eines Jungen namens »Schellenursli« in den schneereichen Engadiner Hochalpen erzählt, der in dicken, genagelten Bergschuhen auf gefährlich-abenteuerlichen, tiefverschneiten Wegen eine Riesenglocke holt, mit der, nach einem Brauch seines Dorfes, der Winter ausgetrieben werden soll. Dieser Junge droht auf seiner waghalsigen Tour für immer verlorenzugehen, findet jedoch schließlich wieder glücklich zu seinen tiefbesorgten Eltern heim. Ich bewundere noch heute meine Großmutter für das untrügliche Gespür dafür, was ihrem bisher unbekannten, noch nicht ganz siebenjährigen kalifornischen Enkel gefallen könnte. Sie traf mit ihrer Auswahl voll ins Schwarze. Umso größer für mich die Vorfreude, sie in nur wenigen Monaten in derselben Schweiz endlich persönlich kennenlernen zu dürfen.

Meine Mutter, mein Bruder Toni und ich waren die Ersten, die in der zweiten Märzhälfte des Jahres 1947 nach Europa aufbrachen. Mein Vater hatte in Amerika noch berufliche Verpflichtungen und würde in wenigen Wochen nachkommen. Wir fuhren drei Tage lang mit dem Pullman-Zug quer über den Kontinent nach New York. Jeweils an den Abenden wurde unser Abteil von einem schwarzen »Porter« in ein Liegeabteil umgewandelt und morgens wieder in seinen Normalzustand zurückversetzt, und die drei Mahlzeiten im »Dining Car« strukturierten als Einziges die Reisetage. In New York schifften wir uns auf einem holländischen, hohen und dickbäuchigen Vorkriegsdampfer ein, der quälende elf Tage lang durch den spätwinterlich stark bewegten Atlantik hindurchächzte. Mitten auf der Schifffahrt wurden wir vier- und sechsjährigen Kinder von Windpocken befallen und mussten mehrere Tage und Nächte im Schiffslazarett verbringen. Dass die Verpflegung auf diesem

Schiff praktisch ungenießbar war, ist angesichts der weniger als zwei Jahre zuvor beendeten Ausplünderung und Ausblutung Hollands durch die Nazi-Okkupanten nicht weiter verwunderlich. Bei der Ankunft erfolgte dann für uns alle der Schock beim Anblick des völlig ausgebombten Hafens von Rotterdam. Dort wurden wir von unseren Schweizer Großeltern »Mams« und »Paps« abgeholt. Gemeinsam fuhren wir mit »Papsens« Dienstauto samt Chauffeur und einer mit Kurbel zu öffnenden und zu schließenden gläsernen Trennscheibe zwischen Vorder- und Rücksitz nach Herentals bei Antwerpen, wo die Maschinenfabrik meines Großvaters lag und sein Sohn Hans seit Kriegsende mit Familie wohnte. Nach wenigen Tagen Aufenthalt setzten wir mit »Paps« allein unsere Reise per Bahn über Basel nach Zürich fort. Für mich unvergesslich angesichts meiner politischen Vorprägung in Amerika war es, als »Paps« etwa auf der Höhe von Bad Säckingen plötzlich von der Sitzbank hochsprang und wie auf einen Schandpfahl auf die deutsche Seite am anderen Rheinufer zeigte und uns mit schüttelnden Bewegungen seines ausgestreckten Arms zurief: »Schaut mal, dort hinter den Bergen haben sich die Deutschen versteckt, und von dort schießen die jetzt gleich los, wenn ihr jetzt nicht höllisch aufpasst.«

Einige Wochen später trafen aus Amerika auch meine Großeltern zusammen mit Erika ein. Sie hatten ebenfalls eine Schiffsreise über den Atlantik hinter sich gebracht und reisten dann mit einem Propeller-Flugzeug von London nach Zürich, wo meine Mutter und wir Kinder sie am Flugplatz abholten und anschließend ins Hotel brachten.

Die Sommermonate in der Schweiz wertete ich während dieses ersten Besuchs eindeutig als Gastaufenthalt mit der vertrauensvoll-selbstverständlichen Gewissheit, dass für den

Abb. 10 Am Flughafen Zürich-Kloten 1947: Erika und Thomas Mann, Toni und Frido

Herbst wieder die Rückkehr nach Hause angesagt war. Bei der nächsten Europareise zwei Jahre später würde das anders sein, sobald deutlich werden sollte, dass das mir gegebene Versprechen, in »spätestens zwei Jahren« wieder in mein Amerika zurückzukehren, nicht eingehalten wurde und für mich Jahre eines mich noch lange peinigenden Heimwehs begannen. Es war ein Heimweh nach Amerika und zugleich nicht weniger eines nach meinen vorerst noch dort bleibenden Großeltern, die mich ebenfalls nur zu gerne wieder bei sich in Pacific Palisades zurück gehabt hätten, was jedoch, nach einigen Anläufen meinerseits und heimlichem brieflichen Hin und Her zwischen Großvater und Enkel, nicht zustande kam.

Aber jetzt, 1947, waren wir vorerst alle in Europa vereint. Die Beziehung zu meinen Großeltern väterlicherseits war so eng und selbstverständlich, dass ich von vornherein wusste, dass ich während jener Sommermonate wiederholt und an unterschiedlichen Orten mit ihnen zusammentreffen würde, um dann, nachdem wir alle ab Herbst wieder nach Hause zurückgekehrt sein würden, wie üblich zwischen San Francisco und Los Angeles zu pendeln. Meine Großeltern wechselten während jener Monate mehrmals den Ort, innerhalb der Schweiz und zwischendurch mit einer Reise nach London und nach Oxford, wo Thomas Mann und Albert Einstein gleichzeitig einen Ehrendoktor erhielten. Doch sie kehrten immer wieder nach Zürich zurück, wo auch ich mich praktisch durchgehend aufhielt und dort sogar, im Wohnort meiner »anderen« Großeltern nahe Zürich, auf eigenen Wunsch während jenes Halbjahres begeistert die erste Grundschulklasse besuchte.

Nachdem meine Großeltern bereits Anfang September wieder zurück nach Pacific Palisades gereist waren, schifften wir Kinder und unsere Eltern uns etwas später wieder auf der Holland-America-Line nach New York ein. Der Dampfer »Noordam« war diesmal kleiner und wirkte solider und attraktiver und das Personal freundlicher und kreativer (so kündigte beispielsweise ein livrierter Mann mit wohlklingenden Gongschlägen, das ganze Schiff durchlaufend, jede Mahlzeit an). Die See war sehr viel ruhiger und das Wetter sonniger als auf der Hinfahrt. Vielleicht trug auch ein wenig zu meiner größeren Entspannung bei, dass diesmal mein Vater dabei war. Dazu kam die unbeschwertere Atmosphäre auf dem Schiff, weil die Passagiere keine heimkehrenden

Emigranten waren, von denen unterschwellig eine Stimmung des Bangens und der Ungewissheit darüber ausging, was sie in ihrem vor Jahren unfreiwillig zurückgelassenen Zuhause erwartete. Steckte mir doch immer noch die Ankunft im Rotterdamer Hafen im Frühjahr in den Knochen, als in den Gesichtern der auf Deck stehenden Heimatrückkehrer beim Anblick des Grauens und Elends ihre Erschütterung und ihre Fassungslosigkeit deutlich geschrieben stand.

Ich sitze immer noch auf der kleinen, sonnenbeschienenen Terrasse vor dem Esszimmer, genieße das warme Frühlingswetter wie ein Geschenk und bin froh, heute den Schritt hinaus ins Freie getan zu haben. Ich merke, wie gut mir die wachsende Kraft der Sonne tut, die mein Gesicht wärmt. Und es hat etwas Beglückendes an sich, dass das mir noch aus der Kindheit urvertraute charakteristische helle Meeresblau des kalifornischen Himmels wieder so präsent ist.

Irgendwann blicke ich durch das geöffnete Fenster in das Halbdunkel unseres einstigen Esszimmers. Unweigerlich muss ich jetzt an die Monate nach der Rückkehr von unserer Europareise denken. Zunächst waren wir alle, die Großeltern in Pacific Palisades und wir in Mill Valley bei San Francisco, innerlich und äußerlich einige Zeit damit beschäftigt, uns nach dieser spannenden sommerlichen Exkursion wieder in unserem Zuhause zurechtzufinden und einzuleben. Deshalb sah ich meine Großeltern erst zu Weihnachten wieder, als wir die Feiertage bis über den Jahreswechsel hinaus bei ihnen verbrachten. Doch spätestens da wurde für uns alle deutlich, dass sich in Amerika inzwischen etwas Entscheidendes verändert hatte.

Während der Weihnachtstage spüre ich, anders als noch im Sommer in Zürich, die etwas bedrückte Stimmung im

Haus, so wie sie sich in Thomas Manns Tagebuch nur knapp zwei Wochen nach dessen Ankunft in Pacific Palisades nachlesen lässt, und mir ist, als wären während der Weihnachtsfeiertage zum ersten Mal, auch für mich überraschend, Klagen über verfassungswidrige Eingriffe der amerikanischen Behörden in die bürgerlichen Grundrechte lautgeworden. Ich konnte das damals nicht richtig einordnen, für mich war Amerika immer noch das freie, zuverlässige demokratische Land, auf das ich stolz sein konnte und dem ich mich unbeirrbar zugehörig fühlte.

Anfang Oktober nimmt der Ton im Tagebuch meines Großvaters an Schärfe zu: »Erschüttert durch die Nachricht, daß H. Eißler auf Verfügung des Department of Justice, das der Empfehlung des Unamerican Committee stattgegeben, verhaftet und nach Deutschland deportiert werden soll. Schauerlich berührt von dem schwindenden Rechtssinn in diesem Lande, der Herrschaft fascistischer Gewalt. Nervöse Träume von Protest, Anklage und Selbstopfer, das aber zweifellos töricht wäre und mir nicht gedankt werden würde – Wunsch, Eißler zu sprechen.«

Gegen den 1898 in Leipzig geborenen österreichischen und eng mit Bertolt Brecht befreundeten Komponisten und Schönberg-Schüler Hanns Eisler und seinen Bruder Gerhart waren seitens des Committee für unamerikanische Umtriebe die ersten Verfahren nach dem Zweiten Weltkrieg angestrengt worden.

Eine Woche später empfing Thomas Mann zu einem abendlichen Besuch denselben Hanns Eisler, dem er »Verfolgungsnervosität und Bedrücktheit« anmerkte, und es wird im Tagebuch eine von Thomas Mann zusammen mit Albert Einstein, Charlie Chaplin, Lion Feuchtwanger, William L. Shirer und Heinrich Mann zu unterzeichnende Petition für

Eisler erwähnt. Bis in den November hinein berichtet Thomas Mann von verschiedenen oppositionellen Stimmen und Protesten gegen das Committee. Und noch am 19. Dezember notiert er ein Gespräch mit der in seiner Nachbarschaft wohnenden und ebenfalls in den Fokus des Committee geratenen österreichisch-amerikanischen Schauspielerin Salka Viertel über Alternativen zu »verkommener Demokratie und Polizeistaat«.

Jetzt auf der Terrasse erinnere ich mich an einen geradezu dramatischen politischen Streit zwischen den Geschwistern Erika und Golo gegen Ende dieses Jahres, wie ich ihn ganz ähnlich noch mindestens zweimal später in Österreich und dann in Erlenbach bei Zürich hilflos miterleben sollte.

Es herrschte in diesem Jahr eine für Weihnachten ungewöhnliche Hitze und Trockenheit, während New York von heftigen Schneestürmen heimgesucht wurde. Erika hatte mir schon früher wiederholt gesagt, in Amerika gebe es kein Klima, sondern nur Temperaturen. Jedenfalls waren damals die Temperaturen über Weihnachten in Pacific Palisades sehr viel höher als jetzt im März, und ich musste damals an die anhaltende und schier unerträgliche Sommerhitze in der Schweiz zurückdenken. Das überreizte Wetter und die seit der Rückkehr nach Amerika nervös angespannte politische Lage mögen diese unangenehme Situation verschärft haben.

Mein Bruder und ich saßen zum Mittagessen, wie sonst nur im Sommer, an derselben Stelle wie ich jetzt, damals am kleinen Kindertisch unter der schattenspendenden blauen Markise vor dem Esszimmer, in dem an diesem Tag die »Großen« allein speisten. Das Fenster zum Esszimmer war so weit geöffnet, dass ich Teile des Gesprochenen aufschnappen konnte. Als vonseiten Erikas und Golos immer häufiger und in zunehmend ärgerlichem Ton Wörter wie

»Russen« und »Amerikaner« fielen, begann ich, aufmerksamer zuzuhören, besonders als die Stimmen der beiden immer mehr an Lautstärke gewannen. Das Einzige, das ich sicher verstand, war, dass Erika bei den offenbar zunehmenden Spannungen zwischen den USA und der Sowjetunion deutlich die Position Russlands vertrat und Golo nicht weniger vehement diejenige Amerikas. Irgendwann schweifte das Thema ab zu Francos Diktatur in Spanien und zum über zehn Jahre zurückliegenden Spanischen Bürgerkrieg, in dem Erika und Klaus auf der Seite der Republikaner gekämpft hatten, während Golos politische Einstellung zu Spanien auch aufgrund seiner engen Freundschaft mit einem dem spanischen Faschismus nahestehenden früheren Mitschüler, der aus Spanien kam, derjenigen von Erika deutlich entgegenstand. Jedenfalls eskalierte der Streit zwischen den beiden Geschwistern bald derart heftig, dass nur noch ein gewaltig donnerndes Gebrüll Golos und die schmerzend keifende Schärfe in Erikas Stimme zu vernehmen waren und ich es mit der Angst zu tun bekam. Ich hörte laute Schritte und ein Zuknallen der Türe zur Küche, dann setzte abrupt eine eisige und nicht weniger angespannte Stille ein. Ich empfand diese Stille als mindestens so lärmend wie das Gebrüll. Erst später, im Alter von dreizehn Jahren, beim nächsten oder übernächsten Vorkommnis dieser Art, traute ich mich, auf den Streit zu reagieren. Im zarten Alter von sieben schluckte ich meinen erlittenen Schrecken still hinunter und ließ es auf sich beruhen. Aber Jahre später, nach dem Abklingen einer ganz ähnlichen Auseinandersetzung in Europa, wagte ich Erika ängstlich zu fragen, wer denn von den beiden Streitenden »recht gehabt« habe, zumal es im Kindesalter bekanntlich nie etwas anderes gibt als richtig oder falsch. Von Erikas Seite kam folgende verblüffende Antwort: »Weißt du, man kann entweder viel von Politik verstehen oder viel von Geschichte, aber nicht beides, weil es zu verschieden ist. Golo versteht viel von Geschichte, aber nichts von Politik. Bei mir ist es umgekehrt.«

Ich lasse für eine längere Zeit diese Szene in mir nachklingen. Konstruktive, authentische und empathisch achtsame Gespräche durchzuführen dürfte nicht allzu schwer sein, wenn die beteiligten Partner einvernehmlich kommunizieren und grundlegend ähnliche Einstellungen vertreten. Vor meiner aktuellen Reise nach Pacific Palisades unterhielt ich mich einmal im Auswärtigen Amt in Berlin mit einem hochrangigen Mitarbeiter, der für das Residenzprogramm zuständig ist, über die wichtigsten Kriterien für die Auswahl amerikanischer Counterparts durch die eingeladenen Fellows. Als ich meinte, dass bestimmt keiner von ihnen Lust habe, sich in fruchtlosen Debatten an einem eingefleischten Trumpisten die Zähne auszubeißen und sich wohl eher an Gleichgesinnte halten würde, fuhr er mir lachend dazwischen und meinte: »Aber nein. Wir sollten auch mit möglichst vielen Trumps ins Gespräch kommen. Denn wir wollen hier nicht ›Friede Freude Eierkuchen‹«, meinte er. Darüber musste ich lange nachdenken.

Jetzt fallen mir wieder mein Traum und die nachfolgende Vision mit dem israelischen Geiger Elia und dem muslimischen Bratschisten Bassam ein – eine sehr viel schwierigere Episode als das lange beglückende Gespräch gestern mit Peter, in dem wir mit Sicherheit langfristig einen erfolgversprechenden Dialogpartner gewonnen haben. Glücklicherweise war die anfangs katastrophale Begegnung zwischen Elia und Bassam nur ein Traum gewesen. Ich hatte in ihm jedoch eine Warnung für etwas gesehen, was jederzeit wirklich geschehen könnte. Auch in meiner Familie konnte das geschehen. Ich komme ins Grübeln, wie sich das wohl vermeiden ließe.

Für ein Projekt des konstruktiven Dialogs, wie es in diesem Haus geplant ist, scheint mir das Prinzip der Achtsamkeit unerlässlich zu sein. Anstelle von ideologischer Rechthaberei, Überredungsstrategien und Kalkül geht es beim ernsthaften Austausch um die individuelle, innere *Identität* der Dialogpartner mit ihren eigenen kulturellen, ethischen und (u.a. religiös-)weltanschaulichen *Werten*. Dies habe ich als Kind, das in diesem Haus herangewachsen ist, in den täglichen Gesprächen untereinander als Leitbild erlebt, wenn ich von den wirklich wenigen heftigen Streitszenen, wie ich sie soeben beschrieben habe, absehe.

Was das konkret bedeutet, ist mir gestern Nachmittag auf einem ausgiebigen Spaziergang eingefallen. Ich ging auf dem geschlängelten Weg der von Palmen gesäumten Promenade oberhalb des Strandes von Santa Monica, auf dem ich als Kind so oft mit meinen Großeltern spazieren gegangen und davor im Kinderwagen geschoben worden war. Auf meinem Spaziergang fiel mir eine Tagung über den christlich-buddhistischen Dialog ein, an der ich vor einigen Jahren teilgenommen hatte. Dort lehrten sie, dass die Selbstvergessenheit als Grundlage für Achtsamkeit und Empathie der primäre Nährboden für einen konstruktiven Dialog ist.

Selbstvergessenheit setzt einen Mindestzustand an äußerer und innerer Ruhe voraus. Abgeschiedenheit, spirituelle Übung oder Kontemplation sind dabei unerlässlich. Auch eine idyllische Umgebung in der Natur strahlt, wenn unsere Sinne dafür offen sind, so viel beschauliche Ruhe aus, dass das Gefühl aufkommen kann, in eine endlos weite und bergende Ganzheit einzutauchen, so als wollte man sich am liebsten in ihr auflösen. Paradoxerweise entsteht bei diesem bewussten Eintauchen gleichzeitig ein Gefühl des völligen Bei-sich-Seins.

Diese Art ganzheitlicher Wahrnehmung fordert den Einsatz aller Sinne und unseres vollen Bewusstseins, einschließlich sinnesübergreifender Möglichkeiten einer Wahrnehmung. Bei einem entspannten Spaziergang entlang der Promenade oberhalb des weiten und bewegten Strandes von Santa Monica werden die Landschaft und die Farben, die Geräusche und Gerüche und die Textur der Pflanzenblätter mit all unseren Sinnen erfasst und aufgenommen.

Bei dieser sinnesübergreifenden Wahrnehmung ist es wichtig, sie immer wieder zu überprüfen. Die Gleichsetzung meiner Anmutungen mit der Wirklichkeit ist letztlich eine Illusion. Im tibetischen Buddhismus wird die Freiheit von dieser Illusion »Leerheit« genannt. Jedenfalls lässt sich im kontemplativen Zustand der eben beschriebenen Selbstvergessenheit am ehesten ahnen und spüren, was »Leerheit« heißt.

Es mag sein, dass mir die Promenade von Santa Monica dieses ganzheitliche Eintauchen besonders dadurch erleichterte, dass mir, wie ich nach fast siebzig Jahren zu meiner Überraschung feststellte, diese Umgebung auch heute noch beinahe intim vertraut ist. Sie wirkt auf mich noch immer als Ort der Geborgenheit, da mir die früheren Spaziergänge dort mit meinen Großeltern diese Geborgenheit schenkten. Denn meine Großeltern waren mir immer wichtiger als meine Eltern.

Dieser mich an Vollkommenheit erinnernde Zustand der Selbstvergessenheit ist gewiss nicht ein Geschenk aller Tage. Aber es gibt unterschiedliche Situationen, in denen ich in diesen Zustand geraten kann: etwa bei der stillen Andacht in der feierlichen Abgeschiedenheit einer Klosterkapelle, aber genauso während meiner Beschäftigung mit Literatur und Kunst, vor allem beim Hören klassischer Musik.

Ich beobachte bei mir andererseits auch immer wieder, dass diese Selbstvergessenheit ein besonders störanfälliges Gut ist. Durch äußere Ereignisse, Gedanken oder unaufschiebbare Bedürfnisse, die plötzlich und unerwartet in den Vordergrund treten, kann dieser Zustand des Aufgehobenseins getrübt und gestört werden.

Auch mein gestriger Spaziergang auf der Promenade trug diese beiden Seiten in sich. Auf dem Rückweg setzte ich mich auf eine Bank, um das wunderbare Schauspiel eines prachtvoll orangefarbenen Sonnenuntergangs am wolkenlosen kalifornischen Himmel über dem Meer auf mich wirken zu lassen. Ich blickte versonnen auf die Schaumkronen der gemächlich auf die breite Strandfläche zu rollenden Wellen und beobachtete die langsam pünktchengroß in den Horizont hinein verschwindenden Riesendampfer, während unten am Wasser Menschen entlangliefen oder irgendwo auf der Sandfläche saßen, als mir auf einmal siedend heiß einfiel, dass ich eigentlich vor einer guten Stunde ein wichtiges, nur noch heute mögliches Telefonat nach Deutschland hätte führen sollen.

Jählings sprang ich von meiner Sitzbank auf und überlegte fieberhaft, wie ich meinen Gesprächspartner noch erreichen könnte. Dieser Gedanke ergriff von mir so stark Besitz, dass die wunderbare Umgebung um mich herum völlig verschwand und ich völlig von der Idee besessen war, meinen Anruf zu erledigen. Dann allerdings, als hätte ein inneres Warnlämpchen aufgeleuchtet, hielt ich inne und versuchte, zwischen dem schockartig abgebrochenen Zustand der heilsamen Selbstvergessenheit und dem jetzt irritierend dazwischengeratenen »Erfordernis« des Alltags ruhig und vernünftig abzuwägen.

Ich beschloss, wenngleich eine Stunde zu spät, meinen Anruf doch noch zu versuchen, letztlich aber ohne Erfolg. Ich fand jetzt nicht mehr in die Ruhe von vorhin zurück und trat meinen Rückweg an. Zurück blieb ein unglückliches Gefühl der Zerrissenheit, und ich ärgerte mich über mich selbst und die Unmöglichkeit, meine Selbstvergessenheit und Ruhe zurückzuholen.

Was hat nun diese Selbstvergessenheit mit dem uns hier im Haus aufgetragenen Dialog zu tun? Es wäre meiner Ansicht nach völlig kontraproduktiv, neue Stipendiaten, die für ihre Dialoge hier nach einer Orientierung suchen, mit irgendwelchen konkreten Gesprächstechniken abzuspeisen. Dies ginge an dem eigentlichen Anliegen des Residenzprogramms der Bundesregierung vorbei. Letztlich geht es doch um Grundeinstellungen, durch welche auch kontroverse, schwierige, ja aussichtslos scheinende Dialoge wesentlich erleichtert oder überhaupt erst möglich gemacht werden. Die Fähigkeit zur Selbstvergessenheit und die damit gewonnene Veranlagung zur Achtsamkeit ist eine Grundlage, mittels deren wir gelassener und objektiver einem Partner zuhören und souveräner antworten können, so dass idealerweise auch ein dumpf-dogmatischer und aggressiver Gesprächspartner davon affiziert wird und vielleicht sogar, wenn auch nur vorübergehend, seine Gesprächshaltung anpasst.

Seit meiner Ankunft in Kalifornien frage ich mich manchmal, wie dieses ambitionierte Vorhaben hier in Trumps Amerika umgesetzt werden kann. Aber das gestrige Gespräch mit Peter Bronn hat in mir diese Zweifel weitgehend zerstreut und mir neuen Mut gemacht. Ich hatte bei der manchmal verhaltenen Beurteilung der Möglichkeiten für konstruktive Dialoge im Thomas Mann House zu sehr die stärkere Uniformität europäischer Gesellschaften vor Augen, die homogener und überschaubarer erscheinen mögen als die amerikanischen und die durch eine andersartige Geschichte unterschiedliche Voraussetzungen mitbringen. Ich hatte befürchtet, nach Trumps Wahl hier in Los Angeles bedrückter und ängstlicher durch die Straßen zu laufen als früher, in der Annahme, dass Donald Trump jetzt in allen amerikanischen Staaten seinen feindseligen, gegen alles außer sich selbst krankhaft hasserfüllten und menschenverachtenden Stempel aufdrücken würde, der uns alle verzweifeln lässt.

Mag sein, dass ich mich in Kentucky oder Ohio ganz anders fühlen würde. Aber hier in Kalifornien, wo das Thomas Mann House nun einmal steht, ist das völlig anders. Ich spüre nicht einen Funken Trump hier. Es ist, als gäbe es ihn gar nicht. Ich kann hier nichts vom Ungeist und Antigeist dieses Großmauls in der Schaltzentrale Washingtons wahrnehmen. Ich sehe hier keine unterdrückt wirkenden Menschen, und alle Gespräche, die ich führe, sind von Offenheit und Zuversicht geprägt.

Ich habe gestern von Peter gelernt, dass der amerikanische Föderalismus jedem unserer Bundesstaaten eine sehr viel größere politische Freiheit, Souveränität und Unabhängigkeit von der Zentralregierung gibt, als dies in europäischen und asiatischen Staaten der Fall ist. Anders als bei Diktatoren wie Putin oder Erdogan, die jeden Winkel ihres Herrschaftsgebietes unter Kontrolle haben, gelingt dies in Amerika keinem Trump, so gierig er dies täglich von neuem zu erreichen trachtet. Ein Mann wie McCarthy hatte mehr

Erfolg, bis auch er endlich in das Nichts stürzte, das er verdient hatte. Die amerikanische Verfassung, die Gewaltenteilung und die weitgehende Souveränität der staatlichen Parlamente sind und bleiben die historischen Garanten für ein Weiterbestehen amerikanischer Demokratie. Das stimmt mich hoffnungsfroh, und auch im Hinblick auf unsere hier vorgesehenen Dialoge bin ich keinesfalls pessimistisch – nicht pessimistischer jedenfalls als mit Blick auf andere Regionen unserer krisengeschüttelten Welt.

Freitag, 9. März 2018

Selbstvergessenheit – dieses Thema hat mich seit meinem Spaziergang vor zwei Tagen nicht wieder losgelassen. Einerseits bedrängt mich der quälende Gedanke, wie viele verheerende Fehler und Versäumnisse in der Menschheitsgeschichte durch den Verzicht auf Selbstvergessenheit verursacht wurden. Es ist eine Tragödie, dass die Menschen ihre so großzügig geschenkten Chancen und Möglichkeiten zu Vernunft, Verantwortungsbewusstsein und Kreativität immer wieder ungenutzt haben verstreichen lassen. Andererseits bin ich überrascht, dass ich auf meinem Spaziergang auf alten Fährten und gleichzeitig mit der hoffnungsfrohen Perspektive auf die Neueröffnung des Thomas Mann House wie selten zuvor innerlich erleben durfte, wie beglückend sich Selbstvergessenheit anfühlt.

Da sich das strahlende und warme Frühlingswetter weiter hält, setze ich mich heute mit einem Buch ins Freie. War es gestern die kleine Seitenterrasse vor dem Esszimmer gewesen, so soll es heute die »Porch« genannte große Terrasse vor dem Living Room sein, welche früher während der Sommermonate oft im Zentrum unseres Alltags lag. Damals wurde dort fast täglich mit den Großeltern gemeinsam gefrühstückt, es wurden auch tagsüber viele Gespräche geführt, und wir Kinder spielten dort besonders gern.

Abb. 11 Blick auf die »Porch«

Während ich eine Weile versonnen auf die Pflastersteine der Porch blicke, wird mir auf einmal klar, dass in meiner Erinnerung die Steine zwar auch diese Terrakottafarbe hatten, aber irgendwie heller waren. Mir wird deutlich, dass das dunklere Aussehen durch die Patina entstanden ist, die sich über ein Dreivierteljahrhundert aufgebaut hat: Staub, der kontinuierlich in die poröse Struktur des Steins eingedrungen ist und festgetreten wurde, lässt die Oberfläche heute dunkler erscheinen als zum Zeitpunkt des Einzugs in das Haus. Aber es handelt sich um dieselben Pflastersteine, auf denen ich mich damals bewegte, wenn ich mich im Sonnenschein draußen aufgehalten habe.

Ich habe insgesamt drei Stühle hingestellt, weil der Physiker, Mathematiker und Philosoph Carl-Philipp Ferber von der Universität Frankfurt zusammen mit einem Münchner Freund heute Vormittag hier vorbeikommen möchte, um sich das Haus anzuschauen. Ferber arbeitet während der vorlesungsfreien Wochen vor Ostern mit einem befreundeten amerikanischen Mathematiker in Los Angeles an einem gemeinsamen physikalischen Projekt. Gerade dieser Tage hat er sich telefonisch an mich gewandt und mir mitgeteilt, er habe sich für ein Fellowship im Thomas Mann House beworben, weil er gern für ein paar Monate seinen Austausch mit amerikanischen Kollegen, die er wegen ihrer hochqualifizierten Forschung schätze, vertiefen und intensivieren würde. Andererseits betrachtet er überaus kritisch deren Schwerpunkt auf der reinen Mathematik ohne Nachdenken über die philosophische Konsequenz ihrer Forschungsergebnisse für unser Weltbild. Und genau über dieses Verhältnis zwischen Rechnen und Nachdenken, zwischen der reinen Mathematik und Philosophie würde sich Ferber gern als Fellow mit seinen hiesigen Kollegen eingehend auseinandersetzen.

Vielleicht ergibt sich ja sogar eine Gelegenheit, mit Herrn Ferber über das quantentheoretische Konzept von Thomas und Brigitte Görnitz zu sprechen, von dessen auch praktischer Wichtigkeit ich schon lange überzeugt bin und welches in deren neuerem Buch *Von der Quantenphysik zum Bewusstsein* eingehend dargestellt wird. Es würde mich interessieren, ob Ferber dieses Konzept kennt und, wenn ja, was er davon hält. Deswegen habe ich heute dieses Buch auch auf die Terrasse mitgenommen und gehe darin noch einmal einige der von mir angestrichenen Stellen durch. Als ich gerade in Kapitel 5 auf den Bereich *Spezielle Bewusstseinszustände* gestoßen bin, zu denen auch das Thema »Meditation« gehört, schweifen meine Gedanken wieder zurück zur Geschichte dieses Hauses nach unserer Rückkehr von der ersten Europareise nach dem Krieg Ende 1947.

Die problematischen politischen Veränderungen, um nicht zu sagen die prekären Zuspitzungen in Amerika wirkten sich im Folgejahr 1948 auf das Leben meiner Familie in diesem Haus aus. Was mir vorgestern auf der Promenade durch den Kopf ging – nämlich das menschliche Versagen als Folge mangelnder Fokussierung auf die eigene geistige Mitte – scheint mir eine der Erklärungen dafür zu sein, dass Amerika so bald nach dem beglückenden Sieg über den Nazifaschismus einen bösen Rückfall erlitt in Angst, Abschottung und Gewaltbereitschaft und dass der im Krieg noch vorbildliche solidarische Zusammenhalt der Menschen untereinander wieder verlorenging. Was ich als Kind mit meinem von Patriotismus benebelten Kopf nicht verstehen konnte, ist mir nachträglich durchaus nachvollziehbar geworden.

1948 kämpfte Thomas Mann politisch an verschiedenen Fronten. Die Antikommunisten-Hexenjagd in der Ära Truman vor dessen Wiederwahl zum Jahresende nahm immer heftigere Ausmaße an. In dem langsam aus der Kriegslähmung wieder erwachenden Europa waren Parteikämpfe zwischen links und rechts und einschneidende politische Veränderungen im Gange, die in unserem Haus in Pacific Palisades kommentiert wurden: in Prag die Machtübernahme durch die Kommunisten im Februar, der durch die

Kirche beeinflusste Sieg der »Rechten« in Italien im April. Gleichzeitig die Berlin-Blockade, die der Jagd auf Kommunisten in Amerika neue Nahrung gab. Am Ende dieses Jahres war auch China praktisch in kommunistischer Hand. Deshalb begegnete Thomas Mann gerade in dieser überaus sensiblen Zeit mit zunehmendem Missfallen der Neigung seines älteren Bruders Heinrich, sich für die Abschaffung der Demokratie zugunsten kommunistischer Diktatur auszusprechen, worüber die beiden Brüder während Heinrichs häufigen Besuchen regelmäßig debattierten.

In Hollywood versuchte zu dieser Zeit der junge Regisseur George Tabori, sowohl den *Zauberberg* als auch *Mario und der Zauberer* zu verfilmen, was er wiederholt Thomas Mann bei Teebesuchen in Pacific Palisades inhaltlich erläuterte. Gleichzeitig gerieten immer mehr Intellektuelle und Künstler ins Visier des FBI und wurden unter Verdacht, Kommunisten zu sein, vom Committee für unamerikanische Umtriebe beschattet. Dazu gehörten exponierte Prominente wie Charlie Chaplin, Arthur Miller, Bertolt Brecht und Leonard Bernstein, die alle Opfer der zunehmenden Antikommunisten-Hysterie wurden und mit Denunziationen, Anklagen, Verhören und sogar Inhaftierungen rechnen mussten. An die Teebesuche einiger der genannten Persönlichkeiten erinnere ich mich verschwommen.

Thomas Mann begann im Zuge dieser Welle an Bedrohungen, sich davor zu fürchten, dass ihm und seiner Familie, besonders wegen Erikas scharfen öffentlichen Protesten gegen die Übergriffe der amerikanischen Behörden, die Reisepässe entzogen werden könnten, die der Familie erst im vergangenen Jahr ausgehändigt worden waren. Hatte es in Thomas Manns Tagebuch bereits im April geheißen: »Grauenhafte amtliche Reden« über »die Bedrohung dieses

Landes … Die Verlogenheit wird abgründiger«, so kommentierte er am 29. September die überall umgehende Angst vor der »russischen Aggressivität«, und sein Entsetzen gipfelte am 5. November in den Worten: »Das Geisttötende und Verödende der Tyrannei.«

Besonders in meiner Erinnerung haften geblieben ist das spannende Kapitel der Präsidentschaftswahl am 2. November 1948, wobei Truman, der nach Roosevelts Tod automatisch nachgerückt war und sich jetzt erstmals verfassungsgemäß zur Wahl stellte, gegen gleich zwei unter interessanten Umständen gekürte Gegenkandidaten zu kämpfen hatte.

Die Kandidaten der beiden großen Parteien wurden, wie immer, auf den jeweiligen Parteikonventen während der Sommermonate nominiert. Der Mitte Juli 1948 von den Demokraten ins Rennen geschickte Präsident Harry Truman genoss in meiner Familie kein großes Ansehen. Auch wenn Golo ihn mir gegenüber als »warmherziges, tapferes Männlein« bezeichnete, stand Truman hoffnungslos im Schatten seines Vorgängers. Er galt allgemein als ziemlich unpopulär, man rechnete mit eher geringen Chancen für einen Wahlsieg. Dazu kam, dass er die Verantwortung für den Atombombenabwurf in Hiroshima und Nagasaki trug, wobei meine Familie einhellig die heftig umstrittene Auffassung vertrat, der Abwurf der Bombe sei überflüssig gewesen, weil das Kaiserreich Japan ohnehin kurz vor der Kapitulation gestanden habe. Außerdem legte man es Truman als Zeichen seiner Schwäche aus, dass nur anderthalb Jahre nach seinem Amtsantritt die republikanische Partei im Kongress wieder die Mehrheit errang, einer der Meilensteine für die unheilvolle innenpolitische Entwicklung in den Vereinigten Staaten nach dem Krieg, was, nach Meinung meiner Familie, unter Roosevelt nie passiert wäre. Über Truman wurde auch bei uns privat häufig und gern gelästert. Vor allem die scharfzüngige Erika lag mir immer wieder in den Ohren mit ihren Schilderungen der angeblich miserablen Kochkünste von Mrs Truman, und einer Tochter des Präsidenten sagte sie nach, sie sei eine niveaulose Sängerin. Es lag den stimmberechtigten Mitgliedern meiner Familie fern, den gegenwärtigen amerikanischen Präsidenten im kommenden November mit ihrer Stimmabgabe in seinem Amt zu bestätigen. Völlig außer Diskussion stand natürlich Trumans republikanischer Gegenkandidat, der einen Monat vor ihm aufgestellte Gouverneur des Bundesstaates New York, Thomas Dewey. Obwohl oder gerade weil er als Favorit gegen Truman galt, hatte Thomas Mann noch viel weniger für ihn übrig als für Truman. Kurz nach seiner Nominierung notierte Thomas Mann wegwerfend in seinem Tagebuch: »Deweys Visage überall.« (25.6.1948)

Nun gab es in dieser Präsidentschaftswahl noch einen bemerkenswerten dritten Kandidaten: Henry Wallace. Vor seiner politischen Laufbahn gehörte Wallace, der Tradition seiner Familie folgend, der republikanischen Partei an und war Publizist und Mitglied der Theosophischen Gesellschaft. Nach Roosevelts Wahlsieg 1933 und Wallace' Übertritt zu den Demokraten war er in Roosevelts Kabinett bis 1940 Landwirtschaftsminister und nach Roosevelts zweiter Wahl bis 1944 Handelsminister und Vizepräsident. Während des Krieges wurden dem engagierten Antifaschisten zunehmend auch Sympathien für den Kommunismus und insbesondere für Stalin vorgeworfen. Im Auftrag seines schwerkranken Präsidenten unternahm Wallace im Vorfeld der im Februar 1945 stattfindenden Jalta-Konferenz informationshalber eine Sibirienreise, wo er in Magadan ein Arbeitslager besuchte. Rechtzeitig vor Eintreffen des hohen

Gastes aus den USA ließ der Lagerkommandant die Häftlinge umsiedeln und durch paramilitärische Truppen in Siedlerbekleidung ersetzen, um dem Besucher, als dessen besonderer »Freund« sich der Lagerkommandant andiente, die Vorzüge des angeblichen sowjetischen Siedlerlebens vorzutäuschen. Der gutgläubige Wallace fiel prompt auf diesen Trick herein. Die ihm vom Gulag-Kommandanten vorgeführten kerngesunden Arbeiter verglich er mit den amerikanischen Siedlern im Westen und berichtete nach seiner Rückkehr nach Amerika euphorisch über seine geglückte Mission. Nach dieser mehr als fragwürdigen Reise verzichtete Präsident Roosevelt nach seiner dritten Wiederwahl im November 1944 darauf, Wallace nochmals als Vizepräsident einzusetzen. Stattdessen entschied er sich für den weniger bekannten demokratischen Senator in Missouri, Harry Truman, nachdem dieser sich zuletzt in der Rüstungsproduktion verdient gemacht hatte. Trumans Vizepräsidentschaft begann allerdings erst nach Roosevelts erneuter Vereidigung als amerikanischer Präsident am 20. Januar 1945. Da erst endete turnusgemäß die Vizepräsidentschaft von Wallace. Und erst im März bestellte Roosevelt, kurz vor seinem Tod im April, Wallace als Handelsminister ins Kabinett.

Das bedeutet, wenn der im Winter 1944/45 bereits todkranke Franklin D. Roosevelt auch nur einen Tag vor seiner Vereidigung zum Präsidenten am 20. Januar gestorben wäre statt am 12. April, wäre automatisch Wallace bis Ende 1948 Präsident geworden und nicht Truman. Angesichts der unverhohlenen Preisung der sowjetischen Verhältnisse durch Wallace wären die Folgen seiner Präsidentschaft wahrscheinlich verheerend geworden. Wallace hätte bei der endgültigen Festlegung der deutschen Besatzungszonen auf der Konferenz in Jalta im Februar wahrscheinlich versucht, seinen

Stempel zugunsten Stalins aufzudrücken, so dass die Sowjettruppen womöglich ungehindert bis zur französisch-belgisch-holländischen Grenze vorgerückt wären und mehr oder weniger ganz Deutschland unter sowjetische Herrschaft gekommen wäre.

Nachdem jedoch Truman nach nur 82 Tage dauernder Vizepräsidentschaft als neuer Präsident nachrückte, übernahm er Wallace als Handelsminister. Im September 1946 wurde dieser jedoch wegen erheblicher Meinungsverschiedenheiten über Trumans Außenpolitik und nach einer öffentlichen Kritik an Trumans harter Haltung gegenüber der Sowjetunion aus seinem Ministerium entlassen. Für die Wahl des Jahres 1948 kandidierte Wallace nun für die Progressive Partei gegen Präsident Truman und den Republikaner Dewey für das Amt des Präsidenten der USA, erhielt jedoch nur 2,4 Prozent der Stimmen und keinen einzigen Wahlmann, da er in keinem Bundesstaat die Stimmenmehrheit errang.

Ich erinnere mich genau, wie meine ganze Familie einstimmig Wallace den Vorzug gab und auch für ihn votierte, weil sie ihn als langjähriges Mitglied in Roosevelts Kabinett als dessen eigentlichen verdienten Nachfolger betrachtete, unbeschadet dessen, dass Thomas Mann noch Mitte Mai 1948 nach einer persönlichen Begegnung mit Wallace bei einer Wahlveranstaltung in Form eines Dinners in seinem Tagebuch notierte, Wallace sei »als Redner nicht glücklich«. Der wahrscheinlich von Roosevelt durchschaute Reinfall bei Wallace' Sibirienmission und die Unberechenbarkeit seiner Außenpolitik im Fall einer Präsidentschaft war Thomas Mann und den Seinen offenbar nicht bewusst gewesen, und es gibt mir nach meinen jetzigen Recherchen nachträglich zu denken, wie naiv meine Familie in politischen Fragen trotz allem auch sein konnte. Überdies lässt sich, wenn Wallace Präsident geworden wäre, die innenpolitische Entwicklung in Amerika hinsichtlich der Mehrheiten im Kongress und der 1947 begonnenen Kommunistenverfolgung nicht ermessen. Wahrscheinlich wäre es angesichts der außenpolitisch noch gefährlicheren Entwicklung im Nachkriegseuropa parteipolitisch zu extremen Polarisierungen und zu einer noch schärferen Zuspitzung der innenpolitischen Konflikte und Spannungen gekommen, als sie unter Truman ohnehin bestanden. Vermutlich fühlte sich Thomas Mann Wallace gegenüber auch zu einem gewissen Dank verpflichtet, weil dieser im März 1945 Thomas Manns englischsprachigen Vortrag *Deutschland und die Deutschen* in der Library of Congress in Washington mit besonderem Einsatz protegiert hatte, was kulturpolitisch auch durchaus für Wallace sprach.

Eine komische Episode zu meiner Rolle beim Engagement meiner Familie für Wallace sei hier noch kurz wiedergegeben. Als Achtjähriger folgte ich natürlich blind den politischen Präferenzen meiner Eltern und erst recht meiner Großeltern. Wenige Wochen vor den Präsidentschaftswahlen führte meine Klassenlehrerin in der Primary School in Mill Valley eine bezüglich der Privatsphäre der Schüler und deren Eltern etwas fragwürdige mündliche Umfrage in meiner Klasse zur Wahl der drei Präsidentschaftskandidaten durch. Bei ihrer Frage, wer bzw. wessen Eltern (!) für Truman stimmten, streckte etwa die Hälfte der Schüler die Arme hoch, und bei der anschließenden Frage nach dem landesweit als Favorit geltenden Tom Dewey meldete sich ungefähr die andere Hälfte der Anwesenden (ich erinnere mich allerdings nicht mehr, ob die Lehrerin die hochgestreckten Arme jeweils genau auszählte). Als schließlich unsere Lehrerinnen-Autorität gnadenlos auch noch die übrig bleibende Option für Wallace abfragte, streckte mit mir nur noch ein einziger Mitschüler den Arm hoch, und ich erinnere mich, dass ich mich wegen meiner Bloßstellung als zum schäbigen Rest gehörend furchtbar geschämt habe. Andererseits musste ich feststellen, dass die befürchtete Diskriminierung durch die überwältigende Mehrheit meiner Klassenkameraden ausblieb. Ich fühlte zu meiner angenehmen Überraschung im Gegenteil um mich herum eine völlig ungetrübte Toleranz und einen taktvollen Respekt, den ich nach meinem Schulwechsel nach Europa tatsächlich vermissen sollte.

Irgendwann werden meine Gedanken durch ein Geräusch unterbrochen, ich glaube auf der Porch plötzlich Schritte zu hören, kann aber nichts erkennen. Dann wird es still. Ich horche noch eine Weile und setze mich wieder. Kaum wende ich mich erneut dem mitgebrachten Buch zu, raschelt es, und zwischen den Büschen und Bäumen in der Nähe der Hauseinfahrt taucht ein Mann mit markantem Gesicht, leicht ergrautem Haar und in rotem Pullover auf und geht gezielt auf mich zu.

»Angenehm … Ferber«, ruft mir der Mann laut und außer Atem zu, etwas forsch, aber mit sympathischer Stimme und mit einem Ausdruck, als würde er mich schon lange kennen. »Entschuldigen Sie, dass ich hier so einfach hereinplatze. Das Haus war letztes Mal eine abgeschlossene Baustelle, und ich war jetzt unsicher, wie ich am besten zu Ihnen gelangen kann«, erklärt er.

»Nein, ist schon gut. Ich habe Ihnen ja am Telefon gesagt, Sie könnten durch den Garten gehen, den Sie bisher von der Straße aus gesehen haben«, versuche ich ihn zu beschwichtigen. »Sind Sie jetzt doch allein gekommen?«

»Ja, Herr Beck kommt etwas später dazu, weil er noch von Freunden aufgehalten wurde, die er seit seinem letzten Besuch in Kalifornien nicht mehr gesehen hat. Ich habe ihm aber gesagt, wie er hierher findet.«

Wir kommen rasch ins Gespräch. Ferber hat etwas Gewinnendes an sich, so dass ich rasch einen guten Draht zu ihm finde und bald den Eindruck bekomme, dass er hier als Fellow seine Aufgabe ganz im Sinn des Residenzprogramms exzellent meistern würde. Nachdem wir uns gegenseitig ein wenig über das Wichtigste ausgetauscht haben und er mit Interesse, aber auch mit einem gewissen verlegenen Staunen von mir erfährt, dass ich in diesem Haus einen wichtigen Teil meiner Kindheit verbracht habe, schlage ich ihm zu seiner Freude vor, ihn durchs Haus zu führen und ihm und seinem Freund später, sobald er hier eintrifft, einen hübschen, mir noch aus früheren Zeiten vertrauten Spaziergang abwärts in Richtung Küste zu zeigen.

Als wir in Thomas Manns Arbeitszimmer angelangt sind und ich Ferber erkläre, dass in den noch original von Thomas Mann stammenden Bücherregalen die zukünftige Bibliothek der Residenz errichtet werden soll, bleibt Ferber vor den leeren Regalen ehrfürchtig stehen.

»Wissen Sie, das wäre für mich eine doppelte Freude und Ehre, in diesem Haus einige Monate mein Sabbatical zu verbringen«, sagt er. »Was für eine Gelegenheit zu einer Zusammenarbeit und freundschaftlich-kritischen Auseinandersetzung mit einer Reihe mir bereits bekannter amerikanischer Kollegen. Aber das auch noch im ehemaligen Haus des großen Meisters, der nicht nur Künstler war, sondern vor allem im Alter auch ein Denker und großer Geist, der sich akribisch mit grundlegend naturwissenschaftlichen Fragen befasst hat, und das auch sprachlich einfach großartig … Wenn ich beispielsweise an das Speisewagengespräch zwischen Marquis de Venosta alias Felix Krull und Professor Kuckuck oder an Thomas Manns späten Essay *Lob der Vergänglichkeit* denke … das ist doch ein Vermächtnis. An das kann jeder Naturwissenschaftler anknüpfen, wenn er seine Kollegen davon überzeugen will, dass mit reinem Rechnen in der Physik nicht viel zu gewinnen ist. Da käme ich mir hier in meiner Mission vor wie in einer Schutzburg«, meint Ferber mit einem entwaffnenden Lachen.

»Ja. Ich war auch völlig verblüfft, als ich während meiner Beschäftigung mit Quantenphysik erfuhr, dass Thomas Mann schon 1923 darüber schreibt, dass Materie eigentlich eine Erscheinungsform der Energie ist.«

Ferber horcht wie elektrisiert auf. »Was? Wo sagt er das?«

»In seinem Essay *Okkulte Erlebnisse.*«

»*Okkulte Erlebnisse*? Mit so etwas hat er sich auch beschäftigt?«

»Ja. In dem Essay kommt anhand einiger bei einem Münchner Psychiater erlebten Beispiele für ›Fernwirkung‹ die ambivalente Haltung Thomas Manns zum ›untergründigen‹ Erlebnisbereich des Okkultismus mit unerklärlichen, metaphysischen und telepathischen Anteilen und zweideutigen ›Gaukelbildern‹, wie er dies nennt, zum Ausdruck. Es geht um die weit außerhalb der Ratio stehende Frage nach der Materialisierung des ›Geistersehens‹. Am prägnantesten lässt es sich in der Formulierung am Schluss lesen: ›Noch einmal möchte ich, gereckten Halses, die Magennerven angerührt von Absurdität, das Unmögliche sehen, das dennoch geschieht‹. Und als Argument für diese gewagte Sichtweise zieht er die von der Physik seiner Zeit betonte immaterielle Struktur der Materie heran.«

Ferber runzelt erstaunt die Stirn.

»Er sagt wörtlich … Warten Sie einen Augenblick … Ich habe das Zitat auf einem Zettel hier in meinem mitgebrachten Buch notiert.«

»Aha. Was für ein Buch?«, fragt Ferber mit neugierigem Blick, als ich darin herumblättere, um den Zettel zu suchen. »Physik, wie ich sehe.«

»Ja, von Thomas und Brigitte Görnitz: *Von der Quantenphysik zum Bewusstsein. Kosmos, Geist und Materie.*« Als ich den als Lesezeichen dienenden Zettel irgendwo zwischen den Seiten gefunden habe, lese ich ihm das notierte Zitat vor:

> »Die Tatsache, daß ich von der Lehre des berühmten Herrn Einstein sehr wenig weiß und verstehe (außer etwa, daß dennoch die Dinge eine ›vierte Dimension‹ besitzen, nämlich die der Zeit), hindert mich so wenig wie jeden anderen intelligenten Laien, zu bemerken, daß in dieser Lehre die Grenze zwischen mathematischer Physik und Metaphysik fließend geworden ist. Ist es noch ›Physik‹, oder was ist es eigentlich, wenn man sagt (und man sagt heute so!), die Materie sei zuletzt und zuinnerst nicht materiell, sie sei nur eine Erscheinungsform der Energie, und ihre ›kleinsten‹ Teile, die aber bereits weder klein noch groß sind, seien zwar von zeiträumlichen Kraftfeldern umgeben, aber sie selbst seien *zeit- und raumlos*?«

»1923 sagen Sie? Woher hat er bloß diese Formulierung?«

»Der Essay war bereits 1922 fertig geschrieben, als es die Quantentheorie und vor allem die Quantenmechanik als Bestätigung der Planck'schen Quantenhypothese noch gar nicht gab.«

»Hmm. Dann geht er offensichtlich von der Einstein'schen Äquivalenz von Materie und Energie im Zusammenhang mit der speziellen Relativitätstheorie aus. Jedenfalls finde ich diese Formulierung umso erstaunlicher und geradezu hellsichtig. Ich werde mir diesen Essay demnächst vornehmen. Nach Ihrer Darstellung könnte er durchaus ein weiteres Bollwerk sein gegen die theoriefernen Rechner unter meinen lieben Kollegen«, meint Ferber euphorisch. »Diese Berührungsängste gegenüber theoretischem Denken sind in Amerika zwar besonders weit verbreitet, aber auch bei uns in Deutschland und in ganz Europa durchaus vorhanden.«

»Am interessantesten daran finde ich die annähernde Legitimierung des Okkultismus als magischer Vorgang mit dem Begriff der Materie als ›Erscheinungsform der Energie‹, bestehend aus raum- und zeitlosen Strukturen«, führe ich aus. »Diese Entmaterialisierung der Materie durch die moderne Physik bahnt sozusagen einen Weg zu einer neuen Sicht des Bewusstseins vor allem in den raum- und zeitlosen Tiefenbereichen irrationaler und emotionaler Prozesse, wobei Thomas Mann dies in erster Linie nicht aus der Perspektive des Wissenschaftlers oder Philosophen, sondern aus der des Künstlers anführt.«

»Sie können sich denken, dass mir als Wissenschaftler eine solche Sichtweise eines Geistesriesen wie Thomas Mann so richtig aus der Seele spricht.«

»Ja. Aber eigentlich kommt mir diese Schlussfolgerung von der immateriellen Materie auf die Möglichkeit des Okkultismus doch etwas übereilt vor. Erst wenn man, wie Thomas und Brigitte Görnitz, Materie, Energie und Geistiges als Erscheinungsformen der abstrakten Quanteninformation begreift, könnten vielleicht auch Phänomene wie Fernwahrnehmung oder so etwas, was man früher den siebten Sinn nannte, und sogar auch unser Bewusstsein physikalisch erklärt werden.«

»Thomas und Brigitte Görnitz? Sind das Physiker? Oder Philosophen?«

»Thomas Görnitz ist Physiker und Mathematiker und setzt mit seiner Theorie bei Carl Friedrich von Weizsäcker an, mit dem er lange zusammengearbeitet hat und dessen Theorie er weitergeführt und ausgebaut hat.«

»Weizsäcker? Zweifellos ein ernstzunehmender Philosoph … Aber was hat der denn physikalisch Bedeutsames hinterlassen?«

»Auch Görnitz hat seine Vorbehalte gegenüber physikalischen Aussagen Weizsäckers, hat aber dessen Forderung aufgegriffen, dass in der Physik nicht nach den kleinsten Teilchen gesucht werden sollte, sondern nach der einfachsten Struktur der Materie. Und er kam zum Ergebnis, dass die einfachste Struktur die *Information* ist. Aber nicht, wie bei Weizsäcker *die* Information allgemein, sondern eine noch bedeutungsfreie, vor-gestaltige Information, die er als abstrakte Quanten-Information, AQI, bezeichnet. Die Gesamtheit aller *Möglichkeiten*, die zu Fakten werden können, dieses Ursprüngliche in der kosmischen Evolution, die Gesamtheit aller bedeutungsfreien Information im Universum, das Sein schlechthin, nennt er *Pro-typosis*, also Vor-Gestaltiges. Sie kann zu Energie kondensieren, und diese kondensiert dann zu Materie. Und diese Protyposis wird mit der Entstehung des Lebens für die Lebewesen zu bedeutungsvoller Information, die ihnen ermöglicht, ihr labiles Fließgleichgewicht zu stabilisieren und damit ihr Leben zu erhalten. Als Hilfe für diese Lebenserhaltung kombinieren die Lebewesen alle für sie relevanten Informationen aus der Umwelt, aus ihrem eigenen Körper und aus ihrer Erfahrung zu Konzepten, zu ihrem Bild von der Welt. So dass also auch diese Vorstellungen Pro-typosis sind. Und die Protyposis bildet schließlich auch das Bewusstsein der Menschen.«

»Moment, Moment, Moment – nicht so schnell. Da komm ich doch gar nicht mehr mit«, ruft Ferber verwirrt und etwas indigniert aus. »Und was ist das? Protyp ... Typo ... oder was?«

»Protyposis«, wiederhole ich möglichst langsam und deutlich.

»Und der Geist des Menschen geht aus der Materie und dem Leben mir nichts dir nichts hervor?«, fragt Ferber stirnrunzelnd und den Kopf schüttelnd. »In meinen Augen ist dies eine Kompetenzüberschreitung der Wissenschaft, eine unstatthafte Physikalisierung des Geistigen«, stößt er jetzt etwas ärgerlich hervor. Er hält kurz mit nachdenklichem Gesicht inne, um dann, wieder besonnener, fortzufahren: »Als Physiker bleibe ich ein überzeugter Dualist und kann damit gut leben. Warum muss man denn beides unbedingt miteinander vermischen?«

»Das tut Görnitz gar nicht. Er reflektiert begrifflich immer sehr genau und hält die Bereiche Natur- und Geisteswissenschaften streng auseinander, aber er sieht Geist und Materie trotzdem als zwei Erscheinungsformen ein und derselben Information«, erwidere ich.

»Und wie soll das gehen?«

»Unser biologisches und unser geistiges Wesen zugleich können nur dann miteinander kompatibel sein, wenn beides eine gemeinsame Grundlage hat. Die bedeutungsfreie oder vorgestaltige Information als gemeinsame Grundlage von Materie, Leben und Bewusstsein. Sonst könnte man doch den Einfluss unseres Denkens auf den Körper gar nicht erklären. Dass eine einfache Information, zum Beispiel ›heute Abend kommt dein bester Freund zu Besuch‹, bewirkt, dass man wie elektrisiert vom Schreibtisch aufsteht, die Wohnung aufräumt und einen Wein kalt stellt, das wäre doch ohne einen Zusammenhang zwischen Information und Materie gar nicht vorstellbar.«

Ferber schweigt und scheint jetzt noch intensiver als vorher nachzudenken.

»Wenn Sie, wie Sie sagen, der dualistischen Sichtweise anhängen, was fasziniert Sie dann so sehr an Thomas Manns Schrift *Okkulte Erlebnisse* im Zusammenhang mit der neuen Definition von Materie?«, versuche ich ihn jetzt bei den eigenen Hörnern zu packen.

»Das habe ich mich auch gerade gefragt«, erwidert Ferber wie ertappt und schaut mich mit einem entwaffnenden Grinsen an. »Ich werde mir gern beides zu Gemüte führen. Diesen Essay und … dieses Buch von Görnitz … Ich will mir gern den Titel aufschreiben.«

»Besonders im Kapitel *Spezielle Bewusstseinszustände* werden Sie das Gesuchte finden«, empfehle ich ihm. »Da ist unter anderem von Traum und von Meditation die Rede … Die sich in unserem Bewusstsein abbildende ganzheitliche Struktur der Wirklichkeit, die sich vorzugsweise in unseren schnell wechselnden Träumen zeigt, in denen oft die in der Physik von Quantensystemen bekannte Zeitlosigkeit und bewegte Räume zutage treten … Trauminhalte können viel schneller wechseln als jedes reale Kraftfeld, sagen die Autoren, und unsere Gefühle und Wünsche können sehr viel ambivalenter und widersprüchlicher sein als viele eindeutige Alltagsfakten. Im Gegensatz zu der die klassische Physik beherrschenden herkömmlichen Logik, die diese Widersprüchlichkeit ausschließt, entspricht unsere vielschichtige geistige Wirklichkeit einem Grundmerkmal der Quantenphysik.«

Abb. 12 Thomas Mann auf seinem Sofa im Arbeitszimmer

»Ich habe da trotzdem meine Vorbehalte, werde das aber alles gern nachlesen. Denn gerade in dem erhofften Austausch mit meinen hyperpragmatischen amerikanischen Kollegen im Fall, dass ich hier als Fellow aufgenommen werde, möchte ich gern alle möglichen Argumente und Sichtweisen anführen, besonders natürlich aus der Gedankenwelt Thomas Manns.«

Ich merke, dass Ferber jetzt über dieses Thema nicht mehr weiter sprechen möchte. Etwas unruhig schaut er auf die Uhr.

»Ich würde, bevor mein Freund, Herr Beck, kommt, noch ganz gern mein Bild von diesem Haus hier ein bisschen vervollständigen«, meldet er an.

Als ich Anstalten mache, zusammen mit Ferber den Raum zu verlassen, hält er mich noch einmal zurück und tritt mit gesenktem Kopf und sichtlich verlegenem Ausdruck nah an mich heran und äußert mit gepresster, fast flüsternder Stimme und einem so entwaffnenden, beinahe schauspielerisch herausgekehrten Charme, dass ich eigentlich kapitulieren muss:

»Ich will Ihnen nicht zu nahetreten und hätte volles Verständnis, wenn Sie sich jetzt einfach weigern würden, mir zu antworten. Aber ich weiß doch, dass Ihnen Ihr Herr Großvater hier in diesem Heiligtum seines Arbeitszimmers auf seinem Sofa unter der Schreibtischlampe Märchen vorgelesen hat … Äh … Sie erinnern sich doch sicher aus Ihrer frühen Kindheit, wo dieses Sofa stand …«

»So früh in der Kindheit war dies zuletzt gar nicht. Am meisten hat er mir in meinem letzten Jahr hier in diesem Haus vorgelesen, da war ich acht Jahre alt. Hier stand das Sofa«, antworte ich bereitwillig und deute zur entsprechenden Wand.

»Und der Schreibtisch?«, fragt Ferber noch leiser, als wollte er vor Verlegenheit versinken.

»Hier quer zum Sofa mit Blick nach Westen zum Pazifik hin.«

»Und diese Gegenstände sind doch sicherlich jetzt in Berlin. Ich meine, wenn die deutsche Regierung für so hohe Summen dieses Haus gekauft hat ...«

»Leider, leider nein«, antworte ich etwas schmerzhaft. »Als im Jahr 1956 meine Familie den ganzen Nachlass verschenkte, war das für Deutschland noch undenkbar früh. Wer konnte ahnen, dass sich Deutschland danach über die Jahrzehnte so entwickeln würde, wie es dann bis heute geschah. Nein, der Nachlass sollte damals deshalb zuerst nach Yale in die USA, schließlich blieb er in der Schweiz und gehört jetzt der ETH in Zürich.«

Danach verlassen wir den Raum und begeben uns weiter über Living Room, Esszimmer und Küche zur Treppe und dann hinauf in die obere Etage zu den vorgesehenen neuen Wohneinheiten. Als wir zuletzt aus meinem früheren Kinderzimmer in Richtung Hauseinfahrt schauen, trifft gerade Ferbers Freund ein, so dass wir uns rasch nach unten begeben.

Arnulf Beck entpuppt sich als kahlköpfiger, freundlicher Herr etwa in meinem Alter, mit einem fast listig in sich gekehrten Lächeln auf den Lippen. Auch er hat hier in Amerika zu tun. Am Thomas Mann House ist er glücklicherweise nicht sonderlich interessiert und begnügt sich offenbar damit, das Haus kurz von außen zu betrachten, so dass ich nicht in die Verlegenheit komme, ihn nochmals durch die Räume führen zu müssen. Viel wichtiger scheint es für ihn zu sein, sich an unserem Gespräch über das dialogische kulturpolitische Konzept der Bundesregierung in dem umgewidmeten Haus zu beteiligen.

Nachdem wir uns gegenseitig bekanntgemacht haben, nehmen wir rasch unseren Spaziergang in die Umgebung auf.

Zuerst erläutere ich meinen Besuchern den Vorschlag, mit ihnen den etwa zwanzigminütigen bequemen Weg zu dem Haus am Amalfi Drive zurückzulegen, in dem meine Großeltern 1941 etwa ein Jahr lang zur Miete gewohnt hatten, bevor sie in ihr neugebautes Haus am San Remo Drive einziehen konnten. Der Amalfi Drive ist vom Haus aus rasch über eine kleine Querstraße zu erreichen, zieht sich dann lange dahin, bis man den Sunset Boulevard überquert, um weiter zu jenem »alten Haus« zu gelangen. Ich habe meinen Großvater bei seinem zeitweise fast täglichen Gang dorthin oft begleitet, habe dabei am Straßenrand mehr als einmal einen hübschen Quarzstein aufgelesen, und wir haben viel miteinander geschwätzt und zwischendurch auch Lustiges erlebt, an das wir uns noch bis kurz vor seinem Tod gemeinsam erinnerten. Jetzt, da ich nach so langer Zeit zum ersten Mal wieder diesen Weg zurücklege, merke ich immer deutlicher, dass zwar viele Details neu sind: die gepflegten Pflanzenbeete in der Straßenmitte, neue Häuser mit sauber gemähten Vorgärten und frisch gestrichenen Zäunen sowie die jetzt säuberlich geteerten Straßen. Trotzdem kommt mir die Umgebung als Ganzes, die Führung des breiten, geraden und leicht abfallenden Amalfi Drive geradezu kindlich vertraut vor.

Während wir dahinschlendern, resümiert Ferber für Arnulf Beck nochmals kurz unser Gespräch vorhin, auch im Zusammenhang mit Ferbers Plänen während seines erhofften Fellowships hier im Haus. Beck hört interessiert zu und zeigt mit der Art seines Nachfragens, dass er als Biologe *und* Theologe auch mit Grundfragen der Quantenphysik vertraut ist. Bald unterbricht er Ferbers Bericht und fragt mich etwas unvermittelt:

»Carl-Philipp hat mir gesagt, Sie seien jetzt hier, um sich dieses Haus in seinem neuen Zustand näher anzusehen, nachdem Sie als Kind dort gewohnt hätten.«

»Ja, das schon auch … nach so langer Zeit«, erwidere ich. »Aber mich interessiert fast noch mehr das interkontinentale Dialogkonzept unserer Bundesregierung.«

»Glauben Sie denn, dass dieser Austausch zwischen deutschen und amerikanischen Fellows in diesem politisch so problematisch gewordenen Land viel bewirken kann?«, fragt er mich unumwunden. »Das sind doch nur Fachgespräche zwischen einzelnen Gesprächspartnern von hier und drüben.«

»Und das kommt Ihnen zu klein und zu bemessen vor in einem Dreihundert-Millionen-Einwohner-Land wie Amerika?«, frage ich ihn.

»Ich würde sagen: ein Tropfen auf den heißen Stein.«

»Ich sehe das nicht so. Wesentlich scheint mir, dass die jeweiligen Dialogpartner nicht nur im stillen Kämmerlein miteinander debattieren, sondern ihren Dialog mit einer öffentlichen Veranstaltung im Haus beenden, in der sie das Ergebnis ihrer Zusammenarbeit vorstellen. Überhaupt sollen die Teilnehmer viel in der Öffentlichkeit mit Vorträgen, Seminaren, Workshops und Kolloquien sowie bei Round Tables und Dinnergesprächen im ganzen Land wirken. Es sollte eine möglichst große Öffentlichkeit mit vielen einflussreichen Multiplikatoren erreicht werden, die das dort zur Aussprache Gekommene weitertragen …«

»Sie erhoffen sich dabei einen Schneeballeffekt?«

»Wir alle tun das. Es geht dabei ja nicht um Indoktrinierung, sondern um freie, demokratische Meinungsbildung und um fairen Meinungsstreit als Gegengewicht zu gewaltvollen Konflikten, Vorurteilen, Diskriminierung und Hass. Und dazu braucht es kompetente Vorbilder. Es geht letztlich um friedensfördernde Maßnahmen und damit um die Zukunft der Demokratie überhaupt.«

»Eine ganz schöne Herausforderung für die Beteiligten.«

»Genau das ist es, und das soll es auch sein.«

Da Arnulf Beck Theologe ist, scheint mir das eine gute Gelegenheit, bei ihm noch eine Frage anzubringen, die mich schon eine Weile beschäftigt. Deswegen resümiere ich nochmals kurz den Beginn meines Gesprächs mit Ferber über Thomas Manns Essay *Okkulte Erlebnisse* und gebe die bemerkenswerte Definition von Materie wieder, mit der Thomas Mann die von ihm miterlebten okkultistischen Experimente zu rechtfertigen versucht.

»Und wenn Thomas Mann mit seinem Verständnis von Materie als letztlich raum- und zeitloser Erscheinung dem Okkultismus das Wort redet«, so schlussfolgere ich, »ließen sich dann nicht genauso gut auch religiöse oder spirituelle Erfahrungen als weitere typische Beispiele für eine Abbildung der Beziehungsstruktur der Wirklichkeit im Bewusstsein anführen?«

»Die Quantentheorie als die Physik der Möglichkeiten und der Beziehungen bestätigt uns erneut, wie wichtig es ist, sowohl in den Natur- als auch in den Geisteswissenschaften, also insbesondere in der Quantenphysik und in der Theologie, in *Metaphern*, also in Bildern und Gleichnissen zu sprechen. Die tiefere Wirklichkeit sowohl der Natur also auch die des Geistes ist so abstrakt und unentwirrbar, dass das, was wir sehen und erleben, nie die Wirklichkeit selber ist, sondern immer nur ein von uns und unserer Wahrnehmung geschaffenes Abbild von ihr. Alle Aussagen über das Wesen der Materie oder die Gestalt unseres Kosmos, Begriffe wie ›Teilchen‹ oder ›Welle‹, aber auch theologische Leitbegriffe wie ›Schöpfung‹ oder sogar ›Gott‹ drücken eine vorwissenschaftliche Wahrheit aus, die dem Seienden einen Sinn geben kann, allerdings immer nur als eine mögliche *Metapher.*«

»Und so eine Metapher ist in diesem Sinn auch der Begriff der Information«, rufe ich begeistert aus. »Wobei ich am schönsten finde, dass bei allen klaren Unterschieden zwischen der natur- und der geisteswissenschaftlichen Nomenklatur es auch Begriffe gibt, die sich mit jeweils unterschiedlicher Bedeutung in beiden Bereichen ansiedeln lassen. So lässt sich beispielsweise der ursprünglich nichttheologische Begriff der *Information* in die biblische Sprache einführen. So versuchen dies Görnitz und Görnitz in ihrem Buch *Evolution des Geistigen* (Göttingen 2008, S. 318), wo sie im ersten Satz des Johannes-Evangeliums den Begriff ›Logos‹ nicht, wie Luther, mit ›Wort‹ übersetzen und auch nicht mit ›Rede‹, ›Satz‹, ›Sinn‹, ›Gehalt‹, ›Lehrsatz‹ oder auch ›Rechnung‹, sondern mit ›Information‹: *Am Anfang war die Information.* Und der Anfang von Vers 14: ›Und das Wort war Fleisch geworden‹, könnte dementsprechend lauten: ›*Und die Information war Materie, Leben und Bewusstsein geworden*‹.«

»Und damit erhält der primär naturwissenschaftliche und naturphilosophische Informationsbegriff eine zusätzliche, überraschend neue religiöse Konnotation«, weiß wiederum Beck zu ergänzen.

»Daraus wiederum folgern Görnitz und Görnitz konsequent, dass die Erfassung der tieferen Strukturen der Realität im Kosmos, in der irdischen Natur und im Menschen langfristig dazu anregen wird, den gesamten Komplex von Natur- und Geisteswissenschaften, von Ökonomie, Kultur und auch von Religion neu zu bedenken«, füge ich dazu (vgl. a. a. O., S. 347).

»Ja, wichtig bei alledem ist nur, dass alle Metaphern, ob religiös oder naturwissenschaftlich, immer Metaphern bleiben und nicht als fertige, objektive ›Wahrheit‹ behandelt werden. Worte üben eine große Macht aus, wir über sie und sie über uns. Sobald sie sich von unseren Grunderfahrungen entfernen und verselbständigen, ist es nicht mehr weit zum Grundübel des Fundamentalismus. Egal ob in den Mainstream-Wissenschaften, die Zahlen und Begriffe zu ihrem Fetisch machen und ideologisieren, oder bei den Religionen mit ihren Metaphern, Gleichnissen und Bildern. Und gerade für den religiösen Fundamentalismus kann ich mir die einschlägigen Beispiele in unserer Geschichte sicherlich sparen.«

»In der Tat. Besonders gefährlich wird es ja, wenn dieser Fundamentalismus politische Dimensionen annimmt und die Grundfesten der Demokratie in Frage stellt oder gar erschüttert.«

»Und sie über den Weg des Totalitarismus zerstört.«

Während wir das letzte Stück des Amalfi Drive zum »alten Haus« gehen, vertiefen wir uns noch eine Weile in die gesellschaftliche Tragweite des Denkens in Metaphern. Wir sind uns einig in der Notwendigkeit, sich immer die Begrenztheit unseres Denkens vor Augen zu halten, und stellen fest, wie sehr Metaphern abhängig sind vom Raum und von der Epoche der jeweiligen Kultur, aus der sie hervorgegangen sind.

Als schließlich die Umrisse des früheren Thomas-Mann-

Hauses auf der linken Straßenseite auftauchen, verlangsamen wir unsere Schritte.

»Schon allerhand, zu welchen Themen unser Ausgangsgespräch über Thomas Manns Essay *Okkulte Erlebnisse* geführt hat«, endet Ferber schmunzelnd unser Gespräch, als wir vor dem etwas nach hinten versetzten »alten Haus« mit seinem auffälligen großen Längsbalkon stehenbleiben und in die Richtung des Hauses blicken.

»Ja, in diesem Essay scheint mehr drinzustecken, als ursprünglich gedacht«, glaube ich abrundend hinzufügen zu können.

Freitagabend

Nach den intensiven Tagen, wie ich sie bisher in diesem Haus erlebt habe, verspüre ich abends in meinem Hotelzimmer fast immer das starke Bedürfnis, noch etwas Musik zu hören. Ich habe die eine oder andere CD-Aufnahme eigens für die Reise ausgesucht. Durch meinen Besuch im großelterlichen Haus nach so langer Zeit sind meine Erinnerungen an das abendliche Schallplattenhören im Living Room zusammen mit meinem Großvater so stark erwacht, dass ich den Tag jetzt auch mit Musik aus der Box beschließen möchte, wenn auch nur ersatzweise im Hotelzimmer statt im Thomas Mann House. Gerade der heutige Tag mit den beiden Besuchern aus Deutschland hat mich ziemlich bewegt und angestrengt, deshalb möchte ich es jetzt mit einer Aufnahme von ausgesprochen meditativem Charakter versuchen, um für die kommenden Nachtstunden etwas innere Ruhe zu finden.

Ohne langes Suchen entscheide ich mich wieder einmal für das Adagio meiner derzeitigen Lieblingseinspielung des Klavierkonzerts in d-Moll von Johann Sebastian Bach BWV 1052, gespielt von Dinu Lipatti. Es ist eine Einspielung aus dem Nachkriegsjahr 1947 mit dem Amsterdamer Concertgebouw Orchester unter der Leitung von Eduard van Beinum. Fast alle der heute noch erhältlichen knapp zwanzig Aufnahmen von Lipatti stammen aus den letzten Lebensjahren dieses Weltpianisten, der im Alter von nur dreiunddreißig Jahren verstorben ist, aus den Jahren von 1947 bis 1950, und sie alle sind gezeichnet vom nahenden Tod des seit vielen Jahren Schwerkranken. Sie sind einerseits erfüllt von einer Aura überirdischer Entrückung, von entsprechender Endzeitstimmung, von Innigkeit und Zartheit des Klanges und von aus jeder Note sprechender Reife und Tiefe des Ausdrucks. Andererseits besticht die vertrauensvolle, fast kindliche Natürlichkeit und die gestochene Klarheit und Ruhe seines Spiels. Herbert von Karajan hat Lipattis Spiel einmal sinngemäß ein von jeder Erdenschwere losgelöstes göttliches Klavierspiel in reinster Form genannt, in einer Harmonie, wie sie nur jemand ausdrücken kann, der nicht mehr ganz unter uns weilt. Für mich ist dies die *spirituelle Musik* schlechthin. Man könnte meinen, vor allem Bach würde das begünstigen. In meinen Ohren verleiht Lipatti jedoch auch romantischer Musik – etwa dem Klavierkonzert von Robert Schumann in a-Moll op. 54 in einer Aufnahme mit dem jungen Karajan von 1947 und sogar dem an sich von Spiritualität weit entfernten Klavierkonzert von Edvard Grieg in a-Moll op.16 – mindestens einen Hauch von Entrücktheit und in diesem Sinn von Spiritualität.

Ich rufe die mitgebrachte CD in meinem Laptop auf und wähle den Adagio-Satz von Bachs d-Moll-Klavierkonzert.

Es erklingt, ähnlich einer Passacaglia, das mir schwer lastend vorkommende und nur von seufzerartigen Zwischenfiguren und Pausen unterbrochene Thema aus immer denselben gebrochenen Dreiklängen in Ton-Doppelungen. Es wird zuerst vom Orchester eingeführt und ist etwa zwölf Takte lang. Es ist jedoch nicht, wie nach ersten Sätzen in einer

Moll-Tonart eigentlich erwartet, in tröstlichem Dur gesetzt, sondern in der g-Moll-Subdominante.

Nach der streng gleichmäßigen Vorstellung des Themas durch das Orchester wird dieses nun vom Klavier übernommen, trotz seiner liedhaften Schlichtheit in höchstem Espressivo. Ist es wirklich allein Bach, der diese ersten Klaviertöne so unglaublich enthoben klingen lässt, wie nicht mehr von dieser Welt? Oder wird in meinen Ohren dieser Eindruck nicht auch durch den Interpreten maßgeblich verstärkt? Ich höre jedenfalls schon während der ersten dreizehn Solo-Takte eine in wiederholten Anläufen erfolgende Steigerung, innig verhalten und fast gebethaft inbrünstig, zu einer zwar noch kurzen, aber zuletzt bereits angedeuteten Klage als erstem kleinen Höhepunkt. Nach einer raschen Rückkehr in abfallendem Bogen zurück zu stoisch verhaltener Ruhe wie am Anfang folgt die zweite Sequenz mit demselben Thema. Aber diesmal verläuft die Steigerung zum jetzt leidenschaftlich Dramatischen noch heftiger, und der Abstieg zur Anfangsruhe dauert wieder nur einen mit Sechzehnteln ausgefüllten Takt lang. Dieses Auf und Ab beherrscht den ganzen restlichen Satz bis zum Ende.

Lipatti bietet nach meinem Empfinden mehr als nur ein Nachspiel des den ganzen Satz durchziehenden, transzendent leiderfüllten Bach'schen Dialogs zwischen Klavier und hohen Streichern mit diesem einen, sich mehrfach wiederholenden Thema und seinen unverkennbaren Anklängen an die Bach-Kantate *Wir müssen durch viel Trübsal in das Reich Gottes eingehen*. Besonders deutlich wird das in Lipattis bis zum Ende des Satzes konsequent durchgehaltener, unprätentiös natürlicher Vortragsweise, die, ohne bruchhafte Unebenheiten oder gar effekthascherische Überraschungen, ganz von innen zu kommen scheint und getragen ist von einem Gleichmaß und einer Schlüssigkeit, die man ›ganzheitlich‹ nennen könnte. Dies passt auch zu Lipattis Anschlagskultur, die ich als gestochen klar und wie von durchgehend schlankem Legato gekennzeichnet erlebe, mit feinsten Klangschattierungen, oft nur dahingetupften Bässen und einem äußerst subtilen Pedalgebrauch.

Ich habe diesen einzigartigen Musiker und diese besondere Aufnahme des d-Moll-Konzerts von Bach erst spät entdeckt. Davor hatte ich noch nie einen Pianisten erlebt, der mich beim Anhören dieses kompositorisch schlicht aufgebauten Satzes auf Anhieb derart in den Zustand zu versetzen vermochte, den ich auf meinem Spaziergang auf der Promenade als Selbstvergessenheit bezeichnete. Selbstvergessenheit bedeutet hier, dass klangliche sowie melodische Einzelheiten, musikalische Entwicklungen und Verlaufsstrukturen, einzelne Auf- und Abwärtsbewegungen beim Hören keine Rolle mehr spielen. Der Fokus liegt jetzt vielmehr auf sinnesübergreifenden und sinnerfüllten musikalischen Ganzheiten, in denen Tonhöhe und Tonlänge, Taktfolgen und ganze Abschnitte eines Musiksatzes sich ineinander fügen, miteinander verschmelzen und den Hörer in weite, geheimnisvolle, ja kosmische Dimensionen hineinziehen. Diese Selbstvergessenheit umfasst nicht nur Räume, sondern auch Zeiten: eine Vergangenheit und Zukunft umgreifende, ausgedehnte Gegenwart. Und sie bedeutet letztlich, dass es zwischen dem Hörenden und der Welt des Gehörten, des umfassend Empfundenen, Erlittenen und beglückt Aufgenommenen keinen Unterschied mehr gibt, dass ein lebendig fließendes, pulsierendes, sich in sich selbst ständig wandelndes Ganzes entsteht, eine Verbundenheit aus gegenseitiger Bedingtheit.

Je länger und tiefer ich mich allerdings im Lauf des häufigen Wechsels zwischen Solo und Orchester, der den ganzen Adagio-Satz beherrscht, in diesem tranceartigen Zustand befinde, desto energischer beginnt sich an den Stellen der sich steigernden Dramatik ab der dritten oder vierten Sequenz des Satzes ein innerer Widerstand zu regen, der mich langsam, aber sicher aus der wunderhaften Ganzheit herausreißt. Mein seit dem Musikstudium über die Jahrzehnte geschultes Gehör verleitet mich plötzlich wieder, mich überkritisch auf eine konkrete Einzelheit zu konzentrieren.

Mir fällt nämlich, offenbar bisher nur unterschwellig erspürt, aber ignoriert, zunehmend ein störender Unterschied auf zwischen dem solistischen Spiel und dem Klang des Orchesters. Und es kommt in mir dabei ein immer deutlicher werdender Widerwille auf, gegen den ich mich immer weniger wehren kann. Dieser wird sogar so stark, dass er den Zustand meiner ganzheitlichen Versunkenheit langsam zerbröckeln lässt und aufzulösen droht. Denn anders als das Spiel des Klaviersolisten Lipatti mutet mich der Klang des Orchesters, so wie kurz nach Kriegsende die Aufführungspraxis bei Johann Sebastian Bachs Orchesterwerken allgemein, hochromantisch an. Dabei sind hier ja nur Streicher zu hören, nicht der für romantische Werke kennzeichnende Orchester-Apparat aus Streichern, Holz- und Blechbläsern mit großem Schlagzeug. Dennoch erinnert mich diese Bach-Wiedergabe durch ein Orchester im Jahr 1947 nun beinahe an die Interpretation von Werken Wagners oder Bruckners. Allmählich wird mir dieser heutzutage unübliche, schwerfällig und zähflüssig wirkende Orchesterklang fast unerträglich, und ich spüre in mir Wut aufkommen, verbunden jedoch mit einem gewissen, wenngleich kurzlebigen Anklang von Entdeckerstolz und besserwisserischem Triumph. Solo- und Orchesterstellen erscheinen mir jetzt nicht nur wie auseinandergerissen; sie muten mich nicht mehr als Dialog zwischen zwei Liebenden an, eher wie ein Streit zwischen Gegnern. Das noch immer himmlische Klaviersolo erscheint jetzt wie eine Insel inmitten einer anbrandenden Flut von romantisch konterkarierendem Orchesterpathos. Die Ganzheit, in der ich anfangs selbstvergessen aufzugehen glaubte, kann ich nicht mehr erkennen. Hier das verloren und verzweifelt fortgesetzte, wie transzendente Klavierspiel des Solisten, dort das pompös donnernde Orchester, dazwischen ich selbst als hilflos diesem ungleichen Duo ausgelieferter Hörer.

Was ist geschehen? Was geschieht hier gerade?

Ich habe offensichtlich den Fehler gemacht, mit dem Ego meines Verstands und meines Wissens das musikalische Geschehen im Spannungsfeld zwischen historischer und zeitlich angepasster Aufführungspraxis penibel zu analysieren. Damit reiße ich nicht nur die Interpreten auseinander, den Solisten und die Orchesterstreicher, sondern auch, ganz gegen meinen ursprünglichen Willen, den Satz selbst, der mir nun in zwei kompositorische Teile zerfällt, in Solo und Orchesterbegleitung. Und ich spüre, wie ich angespannt, ja verkrampft und im Grunde unglücklich den Satz dieses Werks, Abschnitt für Abschnitt, in einzelne Sequenzen, ja Takte und schließlich in einzelne Töne zergliedere, zertrenne. Damit nehme ich auch mich selbst aus der Ganzheit des Satzes heraus und mache mich zum unerbittlichen Beobachter.

Irgendwann laufe ich sogar Gefahr, auch noch den Klang des Solisten in Frage zu stellen, indem ich argwöhnisch abwäge, ob sich Lipatti nicht einer Beeinflussung durch das Orchester ausgeliefert hat und ob der romantische Orchesterklang nicht unvermeidlich so weit auf Lipattis Spiel abfärben musste, dass dieses selbst ins Romantische umzukippen drohte.

Aber ist es das, was ich wirklich wollte? War das meine Absicht, als ich die CD ins Laufwerk einlegte, um am Ende dieses erfüllten Tages ein wenig Musik zu hören? Und vor allem: Soll es so bleiben?

Zum Glück nehme ich rechtzeitig ein inneres Warnsignal wahr: Lass ab von diesem Treiben, das dich nur unglücklich macht, das *dich* aus der beglückenden Selbstvergessenheit herausgerissen hat, weil dein Ich, mit seinem schlauen aufgeblähten Wissen über historische Aufführungspraktiken aufbegehren wollte *gegen das Ganze*. Es mag ja sein, dass, losgelöst von dieser konkreten Aufnahme mit dem Concertgebouw-Orchester unter Eduard van Beinum, ein romantisch gespielter Bach für meine heutigen Ohren nicht mehr passt. Aber die Reibung zwischen Gewohnheit und Geschehen heißt noch lange nicht, dass ich diesen Stil für schlechthin ungültig erklären und, wenn ich nur könnte, aus der Welt schaffen müsste. Und was sind denn schließlich meine heutigen Ohren?

Das innere Warnsignal zeigt Wirkung. Mit etwas Disziplin und der nötigen Zeit beginne ich mich bis zum Schluss des Satzes nach und nach zu beruhigen. Langsam fügen sich die angeblich nicht zusammengehörenden Teile, fügen sich Solist, Streichorchester und Hörender über alle interpretationsgeschichtlichen Weisheiten hinweg wieder zu dem Ganzen zusammen, das ich zuerst erlebt habe. Auch der klangliche und melodische Duktus, die musikalische Entwicklung und deren Verlaufsstrukturen, die Gesamtheit der Auf- und Abwärtsbewegungen erhalten wieder den Charakter einer sinnerfüllten musikalischen Ganzheit zurück. Noch einmal möchte ich eintauchen in die glücklicherweise nur für kurze

Zeit verloren geglaubten, wunderbaren und geheimnisvollen kosmischen Dimensionen dieser Musik, mich noch einmal überwältigt fühlen.

Aber es ist nicht mehr dasselbe wie beim ersten Hören. Jede Erfahrung, die wir machen, prägt uns und geht nie ganz verloren. Neue Erfahrungen vermischen sich immer mit alten, gewesenen. Das problematische Zwischenspiel kann ich nicht ungeschehen machen. Unabweisbar begleitet mich jetzt durch das Hören hindurch das Bewusstsein, dass ich es ungeschehen machen möchte und es nicht kann.

Ich erinnere mich an eine Episode aus meinem Medizinstudium. Unsere Gruppe hatte im Kurs der makroskopischen Anatomie einem unserer Tischassistenten bei der Sektion eines konservierten menschlichen Gehirns zuzusehen. Er zerlegte mit dem Skalpell das vor ihm bereitgelegte Gehirn zunächst mit bewundernswert flinken und geschickten Schnitten in dessen Hauptabschnitte, dann in kleinere Segmente und schließlich in Dutzende winziger Einzelteile, die alle in bestimmten morphologischen und funktionalen Zusammenhängen zueinander und zum Ganzen standen. Wir umringten unseren Lehrer und verfolgten staunend und ehrfürchtig die minutiöse Zerteilung des Gehirnpräparats in lauter einmal lebenswichtig gewesene Einheiten eines menschlichen Lebens. Und wir lauschten gleichzeitig gespannt seinen akribischen Erläuterungen der Zusammenhänge zwischen den Teilen. Als unser Meister seine Aufgabe beendet hatte, sammelte er die durch seine Hand getrennten Teile im Nu wieder zusammen und zauberte sie alle mit schlafwandlerischer Sicherheit im Lauf einer Minute wieder so genau und fest zusammen, dass das auf dem Tisch vor ihm liegende Gebilde aussah wie das ungetrennt ganze Gehirn. Aber mir war klar, dass dieses Gebilde jetzt kein übersummenhaftes Ganzes mehr war wie ehemals das lebende Gehirn im Kopf eines Menschen. Es war jetzt wirklich nicht mehr als die Summe seiner kunstvoll voneinander getrennten und wieder gekonnt zusammengesetzten Teile.

So ergab sich eine erstaunliche Parallele zu dem heutigen Gespräch mit dem Physikprofessor Ferber über die Unterschiede zwischen der bloßen Aufsummierung von Teilen in der klassischen Physik und der Verwandlung derselben in ein qualitativ neues, übersummenhaftes Ganzes in der Quantenphysik. Genau hier verbindet sich das Wunder der eben gehörten Musik mit meiner Erinnerung an den Präparierkurs. Damit endet die erhellende Wiedergabe von Bachs Adagio und mit diesem Konzertsatz der voller Dankbarkeit durchlebte Tag.

Ich unterbreche die Wiedergabe rechtzeitig, bevor das Allegro moderato des Schlusssatzes erklingt. Keinesfalls möchte ich die Eindrücke des eben Gehörten verwischen, sondern diese hinübernehmen in die kurze Nacht, bevor ich morgen Vormittag wieder hinauf zum Haus fahre. Nach dem schönen Gespräch heute mit Ferber im ehemaligen Arbeitszimmer meines Großvaters werde ich mich als Erstes eine Weile dorthin setzen.

Samstag, 10. März 2018

Als ich am Vormittag erneut die geplante Bibliothek in Thomas Manns ehemaligem Arbeitszimmer betrete, fällt mir auf, dass dies merkwürdigerweise der einzige Raum ist, in dem keine provisorischen Sitzgelegenheiten vorhanden sind. Heute, wo ich alleine anwesend bin, finde ich die Leere in diesem Zimmer besonders auffällig. Mag sein, dass dieser Zustand durch die derzeit noch nackten Bücherregale besonders unterstrichen wird, zumal es sich um die ursprünglichen Regale handelt, die vom vorangegangenen Eigentümer allerdings dunkel angestrichen wurden. Es ist schön zu wissen, dass Thomas Manns hundertfünfzigbändige Weimarer Goethe-Ausgabe, die bis zum Auszug meiner Familie hier stand, demnächst nach vielen Umwegen in dieselben Regale zurückgebracht werden soll. Die sogenannte Sophien-Ausgabe wird ein besonderes Glanzlicht der zukünftigen Residenzbibliothek sein.

In der Kahlheit des Raumes, der einst mit so lebendigem Geist erfüllt war, glaube ich ein wenig die Abschiedsstimmung nachzuempfinden, die Thomas Mann erfüllt haben mag, als er diesen Platz, den er zehn Jahre zuvor ausgesucht und für sich eingerichtet hatte, wieder verließ. Er bezeichnete diesen Ort kurz nach dem Einzug in das Haus als »mein Arbeitszimmer, wohl das schönste, das ich je hatte«

Abb. 13 Thomas Mann im »schönsten Arbeitszimmer« seines Lebens

(24. 2. 1942 an Erika Mann), und erwähnte einen knappen Monat später noch einmal seine Dankbarkeit für die Gunst, »in dem schönsten Arbeitszimmer meines Lebens« zu sitzen (15. 3. 1942 an Hermann Hesse).

War es vielleicht auch für mich ein Abschied gewesen, als ich drei Jahre vor meinen Großeltern Amerika für immer verließ? Auch wenn mir damals mit meinen knapp neun Jahren nicht bewusst war, dass es sich um einen Abschied für immer handeln sollte, weil ich noch auf das Versprechen meiner Eltern vertraute, in höchstens zwei Jahren wieder hierher zurückzukehren. Mein wirklicher Abschied vollzog sich dann erst später in Raten.

Der Ausblick aus dem seitlichen Fenster ist sehr viel weniger frei als früher. Der Garten ist stark zugewachsen, obwohl mit der Renovierung des Hauses eine Menge an Dornröschen-Wuchs weggeschnitten worden ist. Auch von den legendären »sieben Palmen« im Garten sind nur noch drei vorhanden, von denen ich allerdings hier nur eine sehen kann. Trotz der dichten Besiedelung soll es nachts das Geheul der Kojoten, das ich als Kind manchmal hörte, immer noch geben, und es sind auch schon tagsüber Tiere in der unmittelbaren Nachbarschaft gesichtet worden.

Jetzt blicke ich zurück in den Raum, zu dem Platz, an dem Schreibtisch und Sofa standen, nach denen Ferber gestern fragte. Das zweite Fenster, durch das Thomas Mann von seinem Polstersessel vor dem Schreibtisch in Richtung Santa Monica und Pazifikküste blicken konnte, ist im Zuge der letzten Renovierungsarbeiten zum Schutz mit einer Plane zugedeckt. Ich erinnere mich daran, dass Thomas Mann, wie Fotos zeigen, sein Arbeitszimmer öfters verdunkelt hielt, und zwar mit Lamellen-Jalousien, im Tagebuch beim Einzug »Venetian blinds« genannt, und zusätzlich mit Vorhängen, als wollte er sich für seine künstlerische Imagination gegen allzu starkes Licht schützen oder als bräuchte die Kunst bis zu einem gewissen Grad den Schutz der Nacht. Diese Verdunkelungsmaßnahmen gab es jedoch nach meiner Erinnerungen in seinen beiden späteren Arbeitszimmern in Erlenbach und Kilchberg in der Schweiz nicht.

Ein anderer literarischer Aspekt von Licht und Dunkel, auf den Dirk Heißerer mich neulich hingewiesen hat, fällt mir in dem Zusammenhang ein. Es ist tatsächlich erstaunlich, dass Thomas Mann gerade unter dem Einfluss von so freundlich sonniger Helligkeit und Wärme, unter strahlend blauem Himmel, vor Verfolgung und Tod gerettet und von seiner Familie und von Freunden und Gönnern unterstützt, sein weitaus dunkelstes, von Untergang und

Höllenfahrt handelndes Buch, *Doktor Faustus*, geschrieben hat.

Meine Gedanken wandern zum weißen, blaugeblümten Sofa, welches früher quer zum Schreibtisch an der Wand stand. Und da ich heute weniger abgelenkt bin als gestern im Gespräch, bewegt mich diese Vorstellung im Augenblick doch sehr. Wie oft habe ich im Lauf der Jahre mit meinem Großvater hier sitzen und die Geborgenheit in dieser privaten Umgebung genießen dürfen! In meiner Erinnerung saß ich hier fast so häufig wie auf dem Sofa im Living Room, das zwar mit demselben Stoff bezogen war, aber für mich nicht diese Zutraulichkeit und Geborgenheit vermittelte.

Die Familie hat sich in diesem Raum hier eigentlich nur an Heiligabend versammelt. Dann saß man auf dem Sofa, im Kerzenschein, man sang und wartete auf das Erklingen des Glöckchens im geschmückten Wohnzimmer. Ansonsten war dieses Sofa für mich schlicht das Vorlesesofa, auf dem ich, meistens allein, nicht selten auch mit meinem Bruder Toni, dem Großvater zuhörte. Diese Lesenachmittage hinter zugezogenen Vorhängen und unter einer Tischlampe sind mir wegen des suggestiven Wohlklangs der großväterlichen Stimme und der kunstvollen Phrasierungen mit schauspielerischem Einschlag in besonderer Erinnerung geblieben. Gerade während der letzten zwei Jahre, in denen ich viel Zeit in diesem Haus verbrachte, sind in Thomas Manns Tagebuch diese Lesestunden sogar noch häufiger vermerkt, als ich sie in Erinnerung hatte. In fast dichtgedrängter Folge fanden sie in den letzten drei Monaten vor meinem Weggang von Amerika statt, als ich von Weihnachten 1948 bis zu meiner Abreise nach Europa Ende März 1949 in Santa Monica sogar die Schule besuchte.

Vorgelesen wurden vor allem Märchen, darunter zahlreiche von Hans Christian Andersen, aber auch Hauff und einige aus *Tausendundeiner Nacht* waren darunter. Am intensivsten erinnere ich mich an Andersens vielschichtige und traurige Märchenerzählung *Die Schneekönigin*, die ich mir sogar wiederholt gewünscht habe. Dass ich besonders an dieses Märchen und seine Kontraste zwischen Gut und Böse, Schön und Hässlich, Warm und Kalt denken muss, hat wahrscheinlich viel mit der politisch angespannten Atmosphäre während meiner letzten Monate in Amerika und besonders hier in diesem Haus zu tun. Diese Atmosphäre blieb für mich allerdings in den kommenden Jahren auch von Europa aus weiter spürbar, besonders dann, wenn ich während der Sommermonate zwischen 1949 und 1952 regelmäßig mit meinen Großeltern in der Schweiz oder in Österreich zusammentraf. Denn Thomas Manns wachsender Widerwille gegenüber der politisch katastrophalen Entwicklung in den USA und sein zunehmender Drang, diesem Land den Rücken zuzukehren, waren deutlich spürbar, obwohl ich damals angesichts meines anhaltenden Heimwehs nach Amerika keinen sehr offenen Blick hatte für die auf dem Tisch liegenden Fakten, über die in meiner Familie des Öfteren gesprochen wurde.

In der *Schneekönigin* sind die Glassplitter aus dem zerbrochenen Spiegel des Teufels, die in das Auge des Waisenkindes Kay treffen und sein Herz in einen Eisklumpen verwandeln, ein Symbol für eine bösartig und kalt verzerrte Wahrnehmung, die alles Schöne als hässlich und alles Gute als böse erscheinen lässt. Und nur Kays Spielgefährtin Gerda, die in ihrem Kummer über Kays unglückliche Verwandlung so bitterlich weinen muss, kann mit ihren Tränen sein Eisherz schmelzen und die Splitter aus den Augen verschwinden lassen. Gerda steht gewissermaßen für die Aufhebung des lebensunwerten Zustandes durch die Liebe.

Wenn ich mir in diesem Moment mit dem Blick auf das Phantomsofa an der gegenüberliegenden Wand dieses tiefgründige Märchen von den schicksalhaften Verzerrungen des Menschseins und ihrer Auflösung durch die Wärme tränenreicher Traurigkeit vergegenwärtige, dann möchte ich zwar keinesfalls irgendeinen unpassenden und künstlichen Zusammenhang zwischen dieser Parabel und Thomas Manns sich in den späten vierziger Jahren zuspitzender Situation herbeiphantasieren. Trotzdem drängt sich mir ahnungsweise eine gewisse Koinzidenz auf – und zwar genau an diesem Ort, wo ich damals dieses Märchen immer und immer wieder hören wollte und wo nun über siebzig Jahre später Menschen dem politischen Auftrag folgen sollen, sich mit all ihren Kräften für die Wahrheit und gegen Fake News, für das Gute und gegen die weltweit zunehmende Tendenz zu gewaltsamen Konflikten und Kriegen einzusetzen. Obwohl ich dieses Andersen-Märchen als Kind völlig unreflektiert genoss, kann es doch für Thomas Mann und seinen damaligen Pessimismus wegen des Überhandnehmens von Lüge, Verzerrung und Diffamierung in seinem Land eine treffende Parabel der Gegenwart gewesen sein, auch wenn das versöhnliche Happy End mit Gerdas erlösenden Tränen in Amerikas Wirklichkeit damals leider noch ausblieb.

Fast symptomatisch mutet mich an, dass in dieser Zeit des Vorlesens sogar Südkalifornien von einer ungewöhnlichen Kältewelle erfasst wurde. Ich erinnere mich lebhaft an den plötzlichen Schneefall im Lauf des ersten Januar-Drittels. Der Schnee setzte in der Nacht auf Sonntag ein, und die Überraschung war enorm, als morgens im Garten und auf den Dächern der hinter der Einfahrt geparkten Autos alles weiß war. Es war mein erstes Schnee-Erlebnis überhaupt. Während des heißen Sommers in Europa gab es natürlich keinen Schnee, und auch in der Umgebung von San Francisco, wo ich seit meiner Geburt lebte, hat es nie geschneit. Dieses erste Schnee-Ereignis war allerdings von kurzer Dauer, da die weiße Pracht am Mittag schon wieder weggeschmolzen war. Aber als ich mit meinem Großvater vor dem Mittagessen zum gemeinsamen Spaziergang aufbrach, fanden wir am Amalfi Drive einen erfrorenen Schmetterling.

Während meiner letzten zwei Monate in Pacific Palisades beschäftigte sich Thomas Mann mit den Folgen des stalinistischen Terrors, der sich, nach der Einverleibung von halb Europa in den kommunistischen Machtbereich, Ende der vierziger Jahre auf seinem Höhepunkt befand. An einem dunklen, regenreichen Tag Anfang Februar kommentierte Thomas Mann den heftigen Protest des amerikanischen Kardinal Francis Spellman, ein mit Papst Pius XII. befreundeter und McCarthy unterstützender kirchlicher Meinungsführer der Rechten und Konservativen, gegen das Regime in Budapest, wo Kardinal Mindszenty nach einem Schauprozess zu einer langen Gefängnisstrafe verurteilt worden war. Als Gegenmaßnahme waren seitens der katholischen Kirche alle diejenigen, die diesen Schauprozess angestrengt hatten, exkommuniziert worden. Thomas Mann vermerkt in diesem Zusammenhang lakonisch: »Aber Hitler u. Consorten sind nie excommuniziert worden.« (7. 2. 1949)

Bald erfolgte für mich der endgültige Abschied von Pacific Palisades und Amerika. Meine Großeltern kamen einige Wochen später, etwa zeitgleich mit dem Ende der Berlinblockade, zu ihrem nächsten Europabesuch und hielten sich während der Sommermonate vor allem in der Schweiz auf. Ende Mai erreichte uns alle die Nachricht vom Selbstmord meines Onkels Klaus im südfranzösischen Cannes. Wenige Wochen später erwog Thomas Mann zum ersten Mal gemeinsam mit seiner Frau Katia die endgültige Rückkehr in die Schweiz aufgrund der unhaltbaren politischen Zustände in Amerika:

»Viel über Amerika, Rußland, die Schweiz. Die Unkenntnis über die hysterisch-rechtswidrigen Vorkommnisse drüben; auch ein eiserner Vorhang. Legte dann ein gutes Wort ein und erklärte unsere Verbundenheit, immerhin. Trotzdem, Gedanke, unseren Lebensabend in der Schweiz zu verbringen. Aber der ein- bis zweijährige Besuch hier doch wohl das Richtigere und Vernünftigere, selbst wenn es drüben zur Investigation kommt, die ich nicht zu fürchten habe. Der Besuch in Weimar würde sie wahrscheinlicher machen. –« (16.6.1949)

Doch schon im Herbst, nach Thomas und Katia Manns Rückkehr in ihr Haus, erfolgten, sicherlich auch als Reaktion auf die Gründung der Volksrepublik China am 1. Oktober, in den USA die nächsten Zuspitzungen. Gegen Ende Oktober wurden die »10 Top Reds« zu fünf Jahren Gefängnis und zu einer hohen Geldstrafe verurteilt. »Niemand regt sich über den Unsinn auf. Kaution abgelehnt. Mißbrauch der Macht und Unrechtlichkeit nach innen und außen.« (22.10.1949) Diese Machenschaften zogen sich bis tief in den Dezember hinein. »Nichts als Haß und leere Hysterie. Besessenheit und abergläubische Narretei, aber was geschieht nun mit den Verleumdern? Nichts. Denn sie waren nur ›linientreu‹. Aufgemacht war das Ganze in perfektem Nazi-Stil«, heißt es am 8. Dezember. Und drei Tage vor Weihnachten kam wieder Tochter Erika mit ins Spiel, nachdem bereits zwei Tage nach Neujahr 1949 Thomas Mann besorgt vermerkt hatte, Erika habe »aus politischen Gründen« ihre Lecture-Tour im Februar absagen müssen. Und jetzt heißt es, dass sich ihre Einbürgerung in die USA so weit ins Unabsehbare hinziehe, dass ihr Wegzug aus den USA erwogen werde. Aber dann: »Problem der Trennung von uns. Erörterung unser Rücksiedelung in die Schweiz. Meine Anhänglichkeit an dieses Haus.« (21.12.1949)

Am Neujahrstag 1950 zog Thomas Mann zum ersten Mal über alle bisherigen Andeutungen hinaus eine neuartige transatlantische Bilanz, nach der sich die Verhältnisse langsam umzukehren schienen: »Sprachen über die Lage von vor 10 Jahren, wo es in Europa so schlimm und hierzulande soviel besser stand.« Während des ganzen Winters und darüber hinaus, zeigt sich diese Stimmung von Verunsicherung und Angst in seinem Tagebuch, in dem eine pessimistische Bemerkung nach der anderen folgt: »Von Morgens an das depressive Grauen im Herzen … In der Zeitung Bericht über die Organisation antikommunistischer patriotischer Committees über das ganze Land hin. Es wird ernst. Die Zeit zu vollständigem Schweigen ist gekommen. Das Gefühl allgemeiner Krise und Wende.« (30.1.) »Grauen und Übelkeit. Bin den Zuständen in diesem Lande garnicht gewachsen, mag aber an die Aufgabe des Hauses nicht denken und darf das Ansehen, ja die Popularität nicht vergessen, die ich doch hier genieße.« (31.1.) »Ekel vor den Zeitungen hier in ihrer bübischen und inferioren Albernheit.« (8.2.) »Politische Greuel fort und fort. Groteske und durchaus hitlerische Äußerung des Rankin über Einstein. Ungeheuerlich … Trumans gutmütige Dummheit und Unwissenheit.« (18.2.) »Mangelhafter Nervenzustand. Bedrückt, melancholisch, angewidert. Die Hearings, Investigations etc. Das primitiv puritanische und zugleich von Haß erniedrigte Niveau. Leiden, Furcht, Grauen, Korruption und Selbstgerechtigkeit.«

(1. 3.) Und schließlich erwähnt er den Bericht eines Tee-Besuchers darüber, »daß Italien, auch Frankreich, wimmeln von amerikanischen premature emigrees, Liberalen, Kommunisten, Intellektuellen, die den Ausbruch des Faschismus mit oder ohne Krieg hier erwarten« (29. 3.).

Auch während der Sommermonate im schützenden Europa ließen die Sorgen und die wachsende Unsicherheit darüber, wo Thomas Mann sich nun wirklich zu Hause fühlen durfte, ihn nicht mehr los, umso mehr, als schon seit Jahren sicher war, dass Deutschland dieses Zuhause nicht mehr sein konnte. Im Juli war in St. Moritz, im Zusammenhang mit der Angst vor einer Einziehung der Reisepässe durch die amerikanische Administration, zum ersten Mal sogar von einer »wiederholten Emigration« die Rede. Diese Situation wurde jetzt sogar mit derjenigen von 1933 verglichen:

> »Der Gedanke einer wiederholten Emigration spukt längst, und dies Tagebuch kehrt gewissermaßen zu seinem Beginn, Arosa 1933, zurück. Die Ablösung von Amerika müßte sehr leise und vorsichtig geschehen. (18. 7. 1950)

Obwohl Thomas Manns Widerwille besonders seit Anfang der fünfziger Jahre gegen die Zustände im Amerika immer größer wurde und es ihn immer stärker von dort wegzog, zwang er sich aus Vernunftgründen, seine endgültige Übersiedlung aufzuschieben und abzuwarten.

> »Brief von Medi [d.i. Tochter Elisabeth], worin sie uns mehr oder weniger verschleiert ermahnt, vorerst *nicht* zurückzukehren. Neue, schwer belastende Aktualisierung dieser Frage. Wie das Provisorium hier gestalten? Als amerik. Flüchtling in der Schweiz? Erika hinüberschicken zur Auflösung des Haushalts? Ohne sie hinübergehen, da sie polizeilichen Chikanen ausgesetzt wäre? Aber gerade unter den

obwaltenden Umständen würde sie mir dort aufs schwerste fehlen. Daß alles drüben auf den Krieg zusteuert, ist klar. Wir würden uns in dem kalifornischen Winkel vergraben u. damit zu rechnen haben, die, die hier bleiben, nie wiederzusehen. Und doch hat es viel Ratsames in den gegebenen Lebensrahmen zurückzukehren und dort das Schicksal über uns ergehen zu lassen. Das Hauptproblem ist Erika. – Möglich ist bei alldem, daß der wirkliche Krieg nicht kommt, u. daß wir nächstes Frühjahr wieder nach Europa reisen können.« (12. 8. 1950)

Und eine knappe Woche später aus London auf der Rückreise in die USA:

»… meine unbedingte Abweisung des Gedankens, jetzt in die Schweiz zurückzukehren, was äußerst beschämend wäre, abgesehen von der Heimlosigkeit, die zunächst unser Los wäre. Möglich, daß die Wiedervereinigung mit Erika dann nur durch unsere unauffällige Flucht aus U.S.A. möglich wäre. Wozu die Frage der Paß-Entziehung tritt.« (18. 8. 1950)

Während mein Blick immer noch an der Wand unter dem leeren Bücherregal haften bleibt, versuche ich zu rekonstruieren, wie es mir gerade zu jener Zeit zumute gewesen sein mag.

Nach meinem Abschied von Amerika im Frühjahr 1949 lebte ich für ein knappes Jahr bei meinen Großeltern mütterlicherseits in der Schweiz, immer noch davon ausgehend, dass ich bald wieder nach Kalifornien zurückkehren würde. Ein knappes Jahr später, Anfang 1950, als es für meinen Großvater und vor allem für Erika in Pacific Palisades politisch »ernst« zu werden begann, verschlug es mich mit meinen Eltern ins österreichische Salzkammergut, wo wir uns in Strobl am Wolfgangsee niederließen und wo ich die Volksschule besuchte. Meine bis dahin ungebrochene Gewissheit einer Rückkehr in die USA löste sich langsam, aber sicher auf und machte einer herben Enttäuschung und Desillusionierung Platz, die sich in der Düsternis der materiellen und moralischen Nachkriegszerrüttung dieses an sich idyllischen Landstrichs besonders schmerzlich anfühlten. Diese Stimmung war der ideale Nährboden für das zunehmende Heimweh nach meiner verlassenen Kinderheimat.

Eine Episode zeigt dies besonders deutlich. Im Frühsommer 1950 nach meinem Eintritt in die vierte Klasse der Volksschule, die damals in Österreich noch acht Klassen umfasste, war in Strobl eine Kartoffelkäferplage ausgebrochen, und wir nahmen deshalb im Naturkunde-Unterricht diesen landwirtschaftlichen Schädling und die Methoden seiner Bekämpfung durch. Um mein Heimweh nach Amerika besser ertragen zu können, schaffte ich mir, zusätzlich zu meinem »offiziellen« Naturkundeheft im Strobler Schulunterricht, ein zweites, für mich privat, ja heimlich geführtes Heft an, in das ich sämtliche Eintragungen aus dem Unterricht wörtlich ins Englische übertrug, um mich enger mit »meinem« Land verbunden zu fühlen. Das zentrale Wort »Kartoffelkäfer« übersetzte ich in meinem englischen Zweittext konsequent mit der Wortschöpfung »potato bug«.

Mitte August 1950 hatte sich Thomas Mann aus Vernunftgründen und umso schwereren Herzens dazu durchgerungen, doch nach Kalifornien zurückzukehren. Nur eine Woche vor seiner Rückreise »nachhause« nach Pacific Palisades machte er sich zu einer Tagesfahrt von Zürich nach Innsbruck auf, wohin ich mich gleichzeitig von Salzburg aus mit meiner Mutter begab, damit er mich dort noch einmal kurz treffen konnte. Dies kommentierte er danach traurig-resigniert: »Frido geht endgültig nicht mit uns, sondern

Abb. 14 Der unverstellte Blick in das Hügelland

bleibt wenigstens noch ein Jahr bei seinen Eltern in Oesterreich. ... Gab Gret die goldne Armbanduhr für ihn, falls ich ihn so bald oder überhaupt nicht wiedersehe.« (12. 8. 1950)

Während ich mir dies alles vergegenwärtige, wende ich kurz meinen Blick von der nackten Wand mir gegenüber weg zum Fenster hin. Beim Betrachten der weiten Aussicht auf das beruhigende, frühlingshaft erwachende Grün der geschweiften, inzwischen teilweise recht eng bebauten Hügel, auf denen heute das Paul Getty Center und das Museum stehen, finde ich kurz ein wenig entspannte Ruhe. Dann fällt mein Blick auf den Rasen im Garten, der sich bis zur Grundstücksgrenze erstreckt. Plötzlich taucht in mir eine unangenehme Erinnerung an eine Szene auf, die sich vermutlich inmitten des bewegten US-Präsidentschaftswahlkampfs im Herbst 1948, ein halbes Jahr vor meinem Weggang aus Amerika, abgespielt haben muss. Mein Gemüt muss an jenem Nachmittag von den angstvollen Gesprächen über die zunehmend bedrohliche politische Situation besonders erhitzt gewesen sein. Jedenfalls stellte ich, da ich mich als Achtjähriger gern mit meinen beliebtesten Hörspiel- und Comicfiguren wie Superman, The Lone Ranger, bestimmten Cowboy-Helden oder anderen starken Männern identifizierte, völlig unbedacht draußen im Garten, unweit des Fensters zum Arbeitszimmer meines Großvaters, einen besonders aggressiven militärischen Aufmarsch »meiner« amerikanischen Helden- und Siegerarmee nach. Dabei stampfte ich im Takt und mit geballten Fäusten über den Rasen und rief dazu rhythmisch im scharfen Befehlston: »Yes we kill ... yes we kill ... Thomas Mann ... Thomas Mann ...« Aber irgendwann erschrak ich heftig, weil ich zu spät den fatalen Widerspruch bemerkt hatte, dem ich da aufgesessen war. Denn »der Starke«, mit dem ich mich so gern identifiziert hatte, war diesmal nicht unsere vom europäischen Faschismus befreiende amerikanische Armee, sondern ein Angst machender inländischer Aggressor, der dabei war, mir meinen geliebten Großvater zu nehmen. Und das Nachstellen dieser Szene, die ich mir unter dem Eindruck des Erwachsenengesprächs beim Mittagessen oder beim Mokka im Living Room wahrscheinlich unterbewusst ausphantasiert hatte, diente – paradoxerweise – in Wirklichkeit wohl hauptsächlich dazu, meine Angst vor dem Aggressor zu bannen und damit sowohl mich selbst als letztlich auch meinen Großvater als Opfer jener Aggression zu schützen.

Aber noch viel schlimmer war die Tatsache, dass mein Großvater diesen mörderischen und ausgerechnet ihm geltenden Schlachtruf, den ich unterhalb seines Fensters brüllte, mit Sicherheit gehört haben musste. Jedenfalls empfand ich eine schreckliche Scham, mich selbst als Großvatermörder entlarvt zu haben, und angstvoll erwartete ich jetzt gleich oder spätestens am Abend ein furchtbares, wenngleich nur zu berechtigtes Donnerwetter. Irgendwann bemerkte ich allerdings zu meiner Beruhigung, dass sowohl das Fenster zum Arbeitszimmer im Erdgeschoss als auch das darüber liegende zum großväterlichen Schlafzimmer geschlossen blieb. Mir wurde klar, dass jetzt die Zeit der Nachmittagsruhe meines Großvaters war und er womöglich fest schlief. Jedenfalls passierte weder gleich noch am Abend irgendetwas, und ich konnte den Fall bald als bereinigt betrachten und ad acta legen. Und auch mein Anflug an kritischer Infragestellung der heilen Welt einer selbstlosen Opferbereitschaft Amerikas zum Wohle anderer Völker, so wie ich ihr während jener Jahre weiter gläubig anhing, löste sich rasch wieder in nichts auf, und ich konnte wieder zur Tagesordnung meines unbefangenen amerikanischen Superman-Patriotismus zurückkehren, der noch viele Jahre ungebrochen anhalten würde.

Als ich mich wieder vom Fenster wegdrehe und diesmal unweigerlich zu der Stelle unter dem anderen, jetzt von außen abgedeckten Fenster blicken muss, wo früher der Schreibtisch stand, schweifen meine Gedanken zur Fortsetzung der Ereignisse 1951, dem letzten Jahr vor Thomas Manns Wirklichkeit werdender »wiederholter Emigration«.

Anfang März 1951 schien der Wegzug meiner Großeltern in die Schweiz, am liebsten noch im selben Frühjahr, beschlossene Sache zu sein, da es in Amerika »immer drückender und gefährlicher« wurde (7. 3. 1951), wobei es jetzt Katia war, die das Drängen ihres Mannes etwas bremste. Denn je klarer der Entschluss zu gehen heranreifte, desto mehr traten praktische Hindernisse in den Vordergrund: nämlich die mit einer Aufgabe des Hauses verbundenen Komplikationen, die erst bewältigt werden mussten, um für eine endgültige Übersiedlung frei zu sein. In diesem Zusammenhang wurden im Tagebuch auch voller Sorge wiederholt Erikas schwer angeschlagener Gesundheitszustand sowie auch »K.'s (Katias) Müdigkeit« als weitere Verzögerungsfaktoren erwähnt (8. 3. 1951).

Im April 1951 kam es zu einem höchst aufschlussreichen Briefwechsel zwischen Thomas Mann und dem Schriftsteller und Kulturphilosophen Erich von Kahler, dem Thomas Mann seit 1919 freundschaftlich verbunden war und der 1933 aus Deutschland über Zürich nach Princeton emigriert war, wo er auch während Thomas Manns Jahre dort lehrte und schrieb und bis zu seinem Tod 1970 lebte. In diesem Briefwechsel findet sich eine schlagende, leider auch heute wieder für Amerika hochaktuelle Anekdote. Am 14. April berichtet Kahler aus Princeton seinem Freund in Kalifornien von seinen Misslichkeiten:

»... ein wahrer Albtraum ... und das alles in einem Zustand akuter Depression, des Seelendrucks unsres Weltzustandes und der scheußlichen Geistes- und Sittenverfassung, unter der wir hier leben. ... Ich muß Ihnen in diesem Zusammenhang eine kleine Anekdote erzählen, die unsere Situation prägnant illustriert: Zwei Freunde fahren über den Atlantic, der eine von Europa nach Amerika, der andre von Amerika nach Europa. In der Mitte des Ozeans treffen sich die Schiffe, fahren aneinander vorbei. Die Freunde stehn an der Reling, erkennen einander und rufen beide unisono dasselbe hinüber: ›Bist du wahnsinnig?‹« (Hamburg 1993, S. 123 f.)

Darauf antwortet Thomas Mann aus Pacific Palisades am 23. April 1951, indem er die allgemeine Geisteslage der Nation mit Formulierungen auf den Punkt bringt, die unweigerlich auch an die heutige Situation im Weißen Haus denken lassen:

»*Wem* sprechen Sie von ›akuter Depression‹! Ich bin nur noch ein Nervenbündel, erzitternd bei jedem Gedanken und Wort und war noch gestern Abend widerstandslos in Tränen beim Hören des Lohengrin-Vorspiels – als Reaktion auf all die Gemeinheit. Haben je Menschen in einer so vergifteten, so ganz von blöder Niedertracht übersättigten Atmosphäre atmen müssen? Man lebt in einer Welt des Unheils, aus der es kein Entrinnen mehr gibt. Ihre ›Bist du wahnsinnig?‹-Anekdote ist schlagend genug, nur glaube ich tatsächlich, daß der westlich Segelnde noch eine Spur wahnsinniger ist, denn, möge auch die liebe Schweiz so amerikafromm sein, wie sogar einzelne Amerikaner es nicht sind, so ist mir doch, als käme allgemein die europäische Mentalität der hiesigen an barbarischem Infantilismus nicht gleich, besonders seit der auffälligen Wendung zum Pacifismus, die die römische Kirche genommen hat. Sie weiß, warum.« (Ebd., S. 126)

Nur kurze Zeit später äußert Thomas Mann in einem Brief immer noch von Amerika aus an seinen alten Freund Hans Reisiger in Deutschland zum ersten Mal seinen »fast angstvollen Wunsch, nach 4,5 Jahren in europäischem Boden (Schweiz) zu ruhen und nicht in dem hier«. Diesen Wunsch, der ihn momentan zu beschäftigen scheint, wiederholt Thomas Mann nur Tage später in einem Brief an seinen Verleger Gottfried Bermann Fischer und am 31. Mai Erika gegenüber.

Eine weitere Steigerung des beklagten »barbarischen Infantilismus« erwähnt Thomas Mann kurz vor seiner nächsten, in diesem Jahr doch noch einmal zeitlich befristeten Europareise im Juli 1951. Am 20. Juni lesen wir in seinem Tagebuch, dass man jetzt auch in der Presse öffentlich gegen ihn polemisiere. Nach einer Mitteilung in den *Daily News* hat ein Kongressabgeordneter namens Johnson verlauten lassen, Thomas Mann sei zwar ein »Literary giant«, aber ein beharrlicher Radikallinker, der es an politischer Weisheit fehlen lasse und dessen Loyalität bezweifelt werden könne. Diese Mitteilung ist jedenfalls dazu angetan, Thomas Manns Angst vor einer Vorladung vor das Committee weiter zu schüren. Umso mehr als sich nur drei Tage später die Situation weiter verschärft und jetzt ein Artikel im *Time Magazine* »alle Sünden und Angriffe summiert und implicite die Vorladung vor das Unamerican Committee nahe legt«.

Ende September trat Thomas Mann seine letzte Rückreise nach Pacific Palisades an. Nur ein Dreivierteljahr später, Ende Juni 1952, verließen meine Großeltern für immer ihr Haus in Pacific Palisades. Dieses wurde erst am 29. September 1953 von meiner Familie an das junge Anwaltsehepaar Chet und Jon Lappen verkauft, in dessen Besitz die Liegenschaft bis zu ihrem Erwerb durch die deutsche Bundesregierung im Herbst 2016 verblieb.

Ich erinnere mich, als mein Bruder und ich, damals in einem Internat in der Schweiz, von unserer Mutter aus Pacific Palisades, einer Station der anderthalb Jahre dauernden Weltreise meiner Eltern, einen Brief erhielten, in welchem sie den Verkauf des Hauses erwähnte. Ich sehe mich noch nach dem Mittagessen im gemeinschaftlichen Essraum des Internats sitzen, die Herbstsonne beschien den abgedeckten Tisch, und ich las die Post, die ich vor dem Essen im Sekretariat abgeholt hatte. Noch heute erinnere ich mich an den leichten Stich, den mir die Mitteilung des Hausverkaufs versetzte.

Nachdem meine Großeltern im Juni 1952 Amerika endgültig verlassen hatten, erholten sie sich zuerst im Berner Oberland und fuhren dann Mitte August über München, wie schon im vergangenen Sommer, für etwa eine Woche an den Wolfgangsee im Salzkammergut, wo meine Eltern und ich immer noch in Strobl wohnten und ich die Schule besuchte. Aber jetzt hatten die Sommerferien begonnen, und es stand unser Wegzug aus Strobl bevor, da meine Eltern auf Weltreise gingen und mein Bruder und ich im September in das eben erwähnte Internat in der Schweiz eintreten sollten. Meine Großeltern logierten bei heißem Hochsommerwetter in einer hübschen Pension am Seeufer etwas außerhalb von St. Wolfgang. Dort besuchte ich sie von Strobl aus fast täglich, indem ich mit dem Boot über den See ruderte, und verbrachte mehrere Stunden mit ihnen. Wir führten, ganz entsprechend den Tagebuchaufzeichnungen meines Großvaters, intensive politische Gespräche, allerdings stimmen die

Abb. 15 Frido Mann mit den Umbauplänen vor dem Haus seiner Großeltern, März 2018

im Tagebuch erwähnten Inhalte und meine Erinnerungen nicht ganz überein. Er erwähnt »Politik (!), die Kaiser Wilhelm I und II, die Kriege etc.« (15. 8. 1952) Ich dagegen weiß noch, dass ich ihn fragte, ob es wohl zu einem Krieg zwischen Amerika und Russland kommen werde. Er nahm in seiner Antwort vorweg, was in den kommenden Jahrzehnten bis hin zum Fall der Berliner Mauer und der Auflösung der Sowjetunion Anfang der neunziger Jahre tatsächlich eintrat: »Nein, Krieg wird es glaube ich nicht geben«, meinte er bestimmt. »Aber beide Machtblöcke werden sich *sehr, sehr* lange wie Gegner gegenüberstehen.«

Nach den warmen Sommermonaten 1952 bereiteten sich meine Großeltern nun, statt nach Amerika zurückzukehren, auf ihren Einzug in ihr erstes Domizil in Europa seit dem Krieg vor und residierten, bis dieses bezugsbereit war, im Waldhotel Dolder oberhalb von Zürich. Das Domizil war ein kleines Mietshaus in Erlenbach, am Hang über dem Zürichsee, welches wegen seiner etwas unbequemen Enge von Anfang an den Charakter eines Provisoriums hatte. Der Einzug dort fand an Heiligabend statt. Und da für meinen Bruder und mich die ersten Internatsferien zum gleichen Zeitpunkt begannen, lernten wir das neue Haus fast gleichzeitig mit dem Einzug unserer Großeltern kennen.

Während dieser rückblickenden Gedanken und Bilder bemächtigt sich meiner eine innere Unruhe, und es drängt mich immer mehr, das ehemalige Arbeitszimmer meines Großvaters, das so viele Erinnerungen wachruft, zu verlassen und mich innerhalb der anderen Räume im Erdgeschoss hin und her zu bewegen. Mir wird jetzt schmerzlich deutlich, wie wenig Erleichterung diese »zweite Emigration« Thomas Mann anfangs verschaffte, ja, wie sehr er im Gegenteil darunter litt.

Während der Wartezeit vor dem Einzug in das Erlenbacher Haus stellte sich bei Thomas Mann zwar zum ersten Mal eine gewisse Entspannung ein, er blickte voller Zuversicht auf seine neue Existenz mit einer neuen Wohnmöglichkeit am Zürichsee. Zwischenzeitliche Stimmungstiefs waren jetzt weniger politisch begründet, wie zuletzt in Amerika, sondern durch das Alter, vor allem im Hinblick auf das von ihm beklagte Nachlassen seiner Schaffenskraft. Im Großen und Ganzen schien er erleichtert darüber zu sein, sich aus dem Kreuzfeuer der amerikanischen Hexenjagd in die Ruhezone der Schweiz gerettet zu haben. Wenige Wochen vor dem Einzug überkamen ihn jedoch schon wieder Ängste, er klagte wiederholt über das Wohnzimmer, das ihm schon bei der ersten Hausbesichtigung zu klein vorgekommen war. Unweigerlich dachte er wieder verstärkt an die Großzügigkeit des Hauses in Pacific Palisades, das er vor einem knappen halben Jahr verlassen hatte, wobei er in seiner Bitterkeit jetzt den stillen Beschluss fasste »die amerik. Staatsbürgerschaft hinzuwerfen, wenn ich vor das Un-American Committee citiert werden sollte« (12. 12. 1952). Und fünf Tage später, als inzwischen die Absicht Charlie Chaplins durchsickerte, Amerika ebenfalls in Richtung Schweiz zu verlassen, meinte er, als wollte er von vornherein jeden aufkommenden Zweifel übertönen: »Reue über die Nicht-Rückkehr unmöglich.«

Bereits beim Einzug zu Weihnachten 1952 und beim anschließenden Einrichten des Hauses fühlte sich der Hausherr unglücklich. Verstärkt wurde diese Stimmung durch Botschaften aus Amerika. Golo, der weiterhin am College im kalifornischen Claremont lehrte, schrieb seinem Vater »höchst pessimistisch«. Und er, Thomas Mann: »Was vorgeht ist nicht gerade die ›Machtergreifung‹, aber etwas dem sehr Nahes.« (21. 1. 53) Am 1. März schrieb er von seinem neuen Schweizer »Exil« aus: »Dauerndes Heimweh nach dem *Hause* drüben«, und vier Tage später: »Golo schreibt, wir sollten jeden Tag froh sein, nicht dort zu sein«. Jedoch heißt es bald wieder, sinngemäß sogar mehrfach: »Abends mit K. über die Frage, ob wir recht getan, Californien zu verlassen. Eine meiner Kommodenschubladen gefüllt mit Photographien, die ich in meinem gegenwärtigen Nervenzustand nicht ansehen kann, ohne daß sich mir das Herz zusammenkrampft. Wohl unvernünftig. Das Haus war so ganz das meine. Dies hier mag ich nicht. –« (12. 3. 53; vgl. 22. 3. und 19. 4.) Und dagegen wieder die geradezu rührende Erwägung: »Sagte zu K., wenn in 3 Jahren Stevenson Präsident würde, wollten wir zurückkehren und das solange vermietete Haus wieder beziehen. Mein 80. Geburtstag käme zuvor. Frage, ob ich ihn erlebe oder lange genug überlebe.« (30. 6. 53)

Das ganze Jahr 1953 war für Thomas Mann überschattet von Zweifeln, Heimweh nach Kalifornien und dem Leiden unter der Enge des Wohnprovisoriums am Zürichsee mit überaus schlichtem, zusammenimprovisiertem Mobiliar, welches ihm von einer großen Schweizer Möbelfirma kostenlos geliehen worden war, weil das eigene teilweise noch in Kalifornien lagerte. Ich erinnere mich deutlich an die unterschwellig niedergedrückte und gedämpfte Stimmung während meiner langen Sommerferien 1953 in Erlenbach, als mein Großvater weniger gesprächig war als sonst. Auf einem unserer fast täglichen Spaziergänge vor dem Mittagessen fragte ich ihn einmal, als wir den Weg vom Haus zu einem etwas höher gelegenen Waldstück gingen:

»Warum seid ihr eigentlich aus Amerika wieder in die Schweiz gezogen?«

»Ja, dafür hat es einige Gründe gegeben«, antwortete er. »Eigentlich wollten wir auch ganz gerne wieder in die alte Heimat zurück. Und es sind ja auch immer mehr Freunde gestorben oder auch nach Europa zurückgekehrt. Aber der Hauptgrund war, dass Eri sich politisch in Amerika unmöglich länger halten konnte und wir auf keinen Fall ohne sie sein wollten und konnten.«

Da inzwischen sowohl mein Heimweh nach Amerika als auch meine patriotischen Gefühle für mein Geburtsland deutlich nachgelassen hatten – nicht zuletzt, weil mir die politisch bedenkliche Entwicklung dort und das Leiden meines Großvaters und Erikas nicht entgangen war –, konnte ich diese Begründung jetzt gelten lassen.

Es gab aber auch noch ein zweites Thema, das wir auf jenen Spaziergängen ansprachen. Es war der immer drängendere Wunsch meines Großvaters, dieses zu enge und unbequeme Haus möglichst bald gegen ein schöneres, größeres einzutauschen. Ganz in der Nähe, weiter oben am Hang und am Wald gelegen, bot sich eine Möglichkeit, die mir von Anfang an suspekt erschien. Aber meine Großeltern zogen diese Option durchaus ernsthaft in Betracht. Es war ein merkwürdiger, viereckiger Kasten, der mich an ein Hochhaus erinnerte, mit dunklem Holz verkleidet, an dem ich immer vergeblich Fenster suchte. Ich gab meinem Großvater vorsichtig zu verstehen, dass ich dieses Objekt weder sonderlich attraktiv noch praktisch fand, da es sehr abgelegen war. Der Bau wurde von meinen Großeltern im Übrigen, etwas entlarvend, »der Turm« genannt, und meine Sorge war, dass dieser Turm Anlass für eine allzu überstürzte Flucht vor dem ungeliebten Wohnhaus sein könnte und am Ende mehr Unglück als Glück bringen würde.

»Aber *Platz* hätten wir doch wenigstens dort«, betonte mein Großvater immer wieder, fast leidenschaftlich auf diese eine Eigenschaft pochend, sobald ich ihm gegenüber meine Bedenken anmeldete. Viel mehr traute ich mich dazu nicht zu sagen und beschloss, den Dingen ihren Lauf zu lassen und das Schicksal so anzunehmen, wie es kommen sollte.

Es dauerte erstaunlich lange, bis meine Großeltern selbst herausfanden, dass das Haus einige bauliche Nachteile zeigte, nachdem sie es (glücklicherweise ohne mich) bereits mehrfach besichtigt und sogar ein Kaufangebot vorgelegt hatten, was mein Großvater am 28. 11. in seinem Tagebuch euphorisch kommentierte: »Mittags mit K. zum Turmhaus. Besprechung und Grundstückbesichtigung ... Starke Neigung, mir das feste Schloß anzueignen. Freude und Erleichterung über die Aussicht des Hierbleibens u. der Gewinnung von viel Platz.«

Umso beruhigter war ich, als das Gerede über diese Liegenschaft langsam zu versickern schien. Schon Mitte Januar kam es zur ersten Besichtigung des in meinen Augen rettenden Hauses in Kilchberg auf der gegenüberliegenden Seeseite, und schon nach weiteren zwei Wochen war der Kauf zu aller Zufriedenheit besiegelt. Schon bald würde sich diese Veränderung als entscheidender Einschnitt in der letzten Lebensphase Thomas Manns erweisen, die nur noch anderthalb Jahre dauern sollte. Die Schweiz, das anfangs unglückliche »Exil« der »amerikanischen Flüchtlinge« Thomas, Katia und Erika, wandelte sich schließlich, besonders als die »alten« Möbel aus Pacific Palisades angeliefert wurden und das neue Heim belebten, das vom Hausherrn schon beim Einzug als »heimatlich anmutend« und als »eine Freude« bejubelt wurde, in ihre letzte und leider nur noch kurz dauernde Beheimatung.

Während meine Gedanken in der Schweiz weilen, gelange ich nach meinem Rundgang durch Wohn-, Esszimmer und Küche wieder ins frühere Arbeitszimmer meines Großvaters und werfe wieder reflexhaft einen Blick an die Wand, an der früher das legendäre Sofa stand. Dabei kommt mir wieder unweigerlich in den Sinn, dass Thomas Mann in seinem Tagebuch am Gründonnerstag 1954 besonders dieses erwähnt: »Bewegend, vor und nach Tische wieder auf meinem Sofa aus P. P. zu sitzen.«

Nach dem geographischen und psychologischen Hin- und Hergerissensein zwischen zwei Kontinenten, für Thomas Mann eine zwanzig Jahre dauernde politische Achterbahnfahrt zwischen Heimat und Fluchtort, hat er an seiner letzten Kilchberger Adresse einen notdürftigen inneren Frieden mit sich selbst und eine versöhnliche Ruhe gefunden, in der er sein kalifornisches Paradies, dem er so lange und so stark nachgetrauert hatte, endlich loslassen konnte. Und es gelang ihm auch zunehmend, sich einzugestehen, dass sein Weißes Haus des Exils nur sehr eingeschränkt ein wirkliches Paradies gewesen war. Denn bei aller Idylle, allem Schutz und aller empfundenen Geborgenheit war das amerikanische Exil auch immer ein Ort des jahrelangen Leidens und der dauernden Anfechtungen, oft auch der zermürbenden Unsicherheiten gewesen. Der Grund dafür lag nicht nur in den Jahren des Kriegs gegen Hitler, die Thomas Mann in diesem Haus durchlebte, sondern auch und erst recht in den Jahren der Repression durch Finsterlinge wie Joseph McCarthy und dessen republikanische Helfershelfer.

Ein Zeichen der Versöhnung Thomas Manns mit seinem bewegten, um nicht zu sagen zerrissenen transatlantischen Schicksal zwischen 1933 und 1953 erblickte ich in der heiter entspannten Art, die er ausstrahlte, als wir nach Weihnachten 1954 zum letzten Mal viel Zeit miteinander verbrachten. Ich erinnere mich an mindestens zwei halbe Nachmittage in seinem Arbeitszimmer, wo wir uns unter der unkalifornisch grauen Hochnebeldecke über dem winterlichen Zürichsee, ohne jegliche nostalgische Wehmut, sondern eher abgeklärt und froh, ja belustigt in unseren Erinnerungen an die schon fast ein Jahrzehnt zurückliegende gemeinsame Zeit in Pacific Palisades ergingen. Immer wieder fiel uns ein lustiges Erlebnis während unserer zeitweise täglichen Spaziergänge über den Amalfi Drive ein, über das wir um die Wette schwatzten und lachten und uns gegenseitig immer wieder von neuem anfeuerten. Ich selber hatte wohl besonders deshalb einen offenen Blick für die inzwischen gewonnene Gelassenheit meines Großvaters, weil auch ich während der Jahre gelernt hatte, meine kalifornische Nostalgie abzulegen und, inzwischen schon selbst ein Halbwüchsiger, mich mit meiner europäischen Existenz zu arrangieren.

Es muss für Thomas Mann gegen Ende desselben Glücksjahres 1954 auch eine große Freude und Genugtuung gewesen sein, als er hörte, dass bei den amerikanischen Kongresswahlen am 4. November die seit 1946 herrschende Mehrheit der Republikaner durch die Demokraten wieder so weit gebrochen wurde, dass das »Hexen-Committee« abgeschafft werden konnte. Die Hoffnung Thomas Manns, dass in zwei weiteren Jahren Stevenson Präsident würde, erfüllte sich zwar nicht. Aber es hätte ihn gefreut, hätte er sechs Jahre später die Wahl des demokratischen Senators John F. Kennedy zum Präsidenten der Vereinigten Staaten erlebt.

Bevor ich aufbreche, lasse ich meinen Blick noch einmal über die leeren Regale schweifen, in denen bald die große Goethe-Ausgabe stehen und den Raum mit ihrem Geist erfüllen wird. Was gab wohl Thomas Mann die Kraft, all die dunklen Jahre durchzustehen und im hohen Alter einen Neuanfang in der Schweiz zu wagen? Ob seine Freundschaft mit Stephen Fritchman hierbei eine Rolle spielt? Seit 1940 pflegte mein Großvater eine bis kurz vor seinem Tod bestehende enge Beziehung zur First Unitarian Church in Los Angeles und eine spirituelle und politische Freundschaft mit deren »Reverend« Fritchman.

Es trifft sich gut, dass sich schon vor einiger Zeit eine Gruppe von Mönchen aus dem St. Benedict Spiritual Center an der südlichen Pazifikküste bei mir für morgen Vormittag zu einem Besuch angemeldet hat. Es sind lauter Fratres, die sich in ihrem Kloster der Friedensarbeit und dem interreligiösen Dialog verschrieben haben. Sie haben früh von dem transatlantischen Dialogprojekt im ehemaligen Haus Thomas Manns erfahren und kennen sich anscheinend gut aus mit der engen Verbindung zwischen Thomas Mann und Reverend Fritchman, sie wissen auch von deren gemeinsamem politischen Engagement während der dunklen McCarthy-Zeit. Da sie im Hinblick auf ihr eigenes Dialogprojekt mehr über den interdisziplinären Austausch zwischen den deutschen Fellows und ihren amerikanischen Counterparts erfahren wollen, haben sie über die Villa Aurora Kontakt zu mir aufgenommen.

Als wir uns telefonisch verabredeten, erfuhr ich, dass einer der Mönche im Zusammenhang mit Thomas Manns Beziehung zur unitarischen Kirche sich derzeit eingehend mit dem durch das kalifornische Exil geprägten Spätwerk des Schriftstellers befasst, insbesondere mit den Romanen *Doktor Faustus* und *Der Erwählte*. Darüber soll morgen auch gesprochen werden.

Sonntag, 11. März 2018

Ich trage gerade die Stühle für meine vier Besucher im großen Gemeinschaftsraum zusammen, als es an der Haustüre klingelt. Ich begrüße die Gäste und führe sie in den lichtdurchfluteten Raum.

Es braucht ein wenig Zeit, bis dieser ungewohnte Besuch und ich uns persönlich so weit vertraut sind, dass wir uns auf das vorgesehene Gespräch wirklich einlassen können. Brother John, mit dem ich im Vorfeld telefoniert hatte, übermittelte mir zur Vorbereitung auf unser Gespräch einen kurzen Steckbrief von allen Teilnehmern. Neben der Friedensarbeit und den Bemühungen um einen interreligiösen Dialog, die im Zentrum ihrer Arbeit stehen, geht jeder Bruder einer eigenen Beschäftigung nach. Brother John selbst konzentriert sich auf die Klosterheilkunde und kümmert sich um die Heilpflanzen im Klostergarten. Der um einiges jüngere Brother Thomas arbeitet als Maler und Holzkünstler sowie in der Gold- und Silberschmiede des Klosters und betätigt sich auch als Organist. In der Vergangenheit wurde er auch gern mit der Gestaltung und Ausschmückung von auswärtigen, neugebauten Kapellen oder sonstigen Sakralräumen beauftragt. So wie ich Brother John verstanden habe, wurde sein Mitbruder in einem Fall sogar, aufgrund von neugewonnenen Kontakten durch interreligiöse Gespräche, bei der Gestaltung eines nichtchristlichen Gotteshauses hinzugezogen. Etwa im selben Alter wie Brother Thomas, vielleicht noch etwas jünger, ist der Dritte im Bunde, Brother Raphael, der für die Herstellung und den Vertrieb kulinarischer Produkte aus dem Klostergarten, der Kellerei und anderer Nahrungsquellen zuständig ist. Der Vierte schließlich, Brother Michael, eine still und bedächtig wirkende Erscheinung, gehört wieder der älteren Generation an. Er war, wie er jetzt im Vorgespräch mit mir auf dem Weg zum Gemeinschaftsraum ohne Scheu bekannte, ein Spätberufener, der bis zum Alter von etwa fünfzig Jahren als Kaufmann tätig und Familienvater gewesen war, als er überraschend seine neue Bestimmung entdeckte. Diese erfüllte er umso konsequenter und radikaler, indem er sich, als wollte er zu lang Aufgeschobenes nachholen, weit über die Klostermauern hinaus aufopfernd den Armen und Kranken und gelegentlich auch Strafgefangenen zuwandte und dabei das Caritative immer mit dem Dialogischen zu verbinden suchte, wozu ihm die interreligiöse Friedensarbeit eine besondere Inspirationsquelle zu sein schien.

»Wir dachten, wir kommen zuerst zu Ihnen, bevor wir mit der First Unitarian Church in Los Angeles Verbindung aufnehmen«, beginnt nun Brother John das Gespräch, als wir uns auf unseren Stühlen im Halbkreis positioniert haben. »Wir haben nämlich auch gehört, dass in der dortigen Kirchenleitung zurzeit ein personeller Wechsel ansteht, der noch einige Zeit in Anspruch zu nehmen scheint.«

»Woher wissen Sie eigentlich etwas über die Verbindungen zwischen der First Unitarian Church in Los Angeles und Thomas Mann, die ja schon bald siebzig Jahre zurückliegen?«, versuche ich an unser letztes, um einiges zurückliegendes Telefonat mit Brother John anzuknüpfen.

»Stephen Fritchman ist eine bekannte Persönlichkeit, die jedenfalls für ihre Zeit das Gesicht des religiösen Lebens hier an der Westküste stark geprägt hat«, erwidert Brother John. »Er war ein Querdenker, der aus einer Quäkerfamilie stammte und sich, vor seinem Übertritt zu den Unitariern, als Methodistenpfarrer stark in der Jugendarbeit engagierte. Mit seinem undogmatischen, sehr praxisnahen und radikal politischen Verständnis von Christentum eckte er beim rechtskonservativen Flügel der Unitarier an der Ostküste so heftig und lange an, bis er schließlich in die Diaspora nach Kalifornien wechselte und hier nur Gutes tat.«

»Und prompt ins Visier von Senator McCarthy geriet«, ergänze ich rasch.

»Wir wissen das. Er war ja derjenige, der sich nach dem Krieg und nach dem Holocaust erfolgreich für die Verständigung zwischen Christen, Juden und Atheisten einsetzte und sich lautstark gegen alle antisemitischen Tendenzen hierzulande wandte … Und den vielen jüdischen Sympathisanten, die in ihrer Dankbarkeit für die Rettung zahlreicher jüdischer Flüchtlinge durch Fritchmans Vorgänger Ernest Caldecott gern am Leben der unitarischen Kirche teilnahmen, hat er immer wieder versichert, sie müssten als regelmäßige Kirchenbesucher ihr Judentum auf keinen Fall aufgeben.«

»Genau diese praktische Haltung, die Betonung eines angewandten Christentums und die Priorität einer Ethik und des Gewissens gegenüber jedem Dogma hat ja Thomas Mann so stark angezogen, dass er sich dazu veranlasst sah, Fritchman zur Seite zu stehen, als dieser vom Committee gegen unamerikanische Umtriebe scharf angegriffen wurde.«

»Was mich erstaunt«, meint Brother John. »Denn Thomas Mann gehörte ja von Haus aus dem deutschen Luthertum an, welches, wie wir, an der Lehre von der Dreifaltigkeit Gottes festhält und nicht, wie die Unitarier, nur eine göttliche Person, Gottvater, anerkennt.«

»Ja, Fritchman wusste das und vertrat da wohl Thomas Mann gegenüber dieselbe Haltung wie den unitarierfreundlichen Juden gegenüber, denen er ihren jüdischen Glauben zubilligte«, entgegne ich. »Aber mich würde jetzt interessieren, woher Sie das alles so genau wissen. Ich bin ganz überrascht.«

»Wir wussten ja auch, dass dieses Thomas Mann House hier im Juni eröffnet wird als Zentrum eines transatlantischen Dialogs, und zwar ganz im Geiste Thomas Manns und damit auch im Geist von Stephen Fritchman und …«, hier stockt Brother John kurz etwas verschämt, »… damit letztlich auch in *unserem* Geist.«

»Heißt das, dass Sie sich vorstellen könnten, sich am transatlantischen Dialog … irgendwie … zu beteiligen?«, frage ich jetzt unumwunden und bemühe mich dabei, meinen Gästen nicht zu viel von meiner Begeisterung für diese Idee zu zeigen, weil ich ihnen keine falschen Hoffnungen machen möchte.

Es scheint, als erspürten die Mönche meine Unsicherheit. Sie antworten mir jedenfalls mit einem schüchternen Lächeln auf meine Frage und schweigen dann etwas geheimnisvoll.

»Ich bin ja auch nur hier«, so fahre ich nun unbeirrt fort, »weil ich uneingeschränkt die Idee unseres deutschen Bundespräsidenten unterstütze, das Thomas Mann House für den deutsch-amerikanischen Austausch innerhalb aller möglichen Berufsgruppen zu nutzen, und zwar mit dem politischen Ziel, die Demokratie gegen fundamentalistische und nationalistische Strömungen zu schützen und zu festigen …

Wobei ich mich da irgendwo in einer Art Doppelrolle sehe, inzwischen ganz und gar auf der deutschen Seite und trotzdem auch als Amerikaner.«

»Sie haben immer noch die amerikanische Staatsbürgerschaft?«

»Ja. Wobei hier im Haus und in Kalifornien, das mir freiheitlich und recht unabhängig vorkommt von Washingtons restriktiver Politik, in mir jetzt ein gewisser kämpferischer, kalifornischer Patriotismus erwacht ist. Ich habe am Anfang dieser Woche in einem bewegenden Gespräch mit einem engagierten kalifornischen Arzt und Politiker bestätigt bekommen, was für eine Gefahr von den mit Trump und der Republikanischen Partei eng verbandelten Evangelikalen ausgeht und wie froh wir hier in Kalifornien sein können über unsere relative politische Eigenständigkeit.«

»Ja, das stimmt. Trotzdem müssen wir uns auch hier gegen diese herzlosen Angstprediger verbünden.«

»Und eben in dem Zusammenhang darf ich Ihnen auch verraten«, fahre ich nach einer Weile fort, »dass ich ganz persönlich der Überzeugung bin, dass besonders in diesem Staat und in diesem Haus eine Verständigung zwischen den verschiedenen Religionen genauso ein wichtiger Teil eines transkontinentalen Dialogs sein könnte wie der Austausch im Bereich von Politik, Wirtschaft, Kultur, Medien und Wissenschaft. Ich glaube fest daran, dass dieses zu einem dialogischen Zentrum umgewidmete Haus mit seinem historischen Hintergrund keinen günstigeren Platz haben könnte als in diesem liberalen kalifornischen Staat.

»Eine interreligiöse Verständigung ist genau das, was wir auch wollen und was wir, ein durch seine Lage nach Asien hin ausgerichtetes kalifornisches Kloster, Ende des vergangenen Jahres mit Vertretern des tibetischen Buddhismus und des Daoismus zum Thema ›Kontemplation in christlichen und asiatischen Religionen‹ während eines verlängerten Wochenendes versucht haben«, erklärt Brother John. »Auch wenn das erst ein bescheidener Anfang gewesen ist«, erklärt er weiter.

»Umso mehr würde mich interessieren, wie sich bei dem gemeinsamen spirituellen und politischen Engagement von Reverend Fritchman und Thomas Mann der Zusammenhang zwischen dem religiösen und dem politischen Aspekt geäußert hat, wie er zustande kam und wie er sich ausgewirkt hat«, erkundigt sich jetzt Brother Thomas.

»Ich glaube, das kam zum ersten Mal deutlich zum Ausdruck bei einer Predigt von Stephen Fritchman, die ihn Ende 1948 in große Schwierigkeiten brachte. Genau dies führte Thomas Mann und Fritchman erst einmal auf der politischen Ebene zusammen, und daraus entstand dann rasch eine enge Freundschaft, politisch wie auch religiös«, antworte ich.

»War das einer der Proteste Fritchmans gegen die Verletzung der amerikanischen Verfassung durch das Committee?«, fragt Brother John.

»Ja. Der Anlass war, dass kurz vor der Präsidentenwahl im Herbst 1948, als Fritchman gerade sein Amt in Los Angeles angetreten hatte, zehn Mitglieder der Filmindustrie in Hollywood zu Gefängnisstrafen verurteilt worden waren, weil sie sich geweigert hatten, ihre Kollegen wegen kommunistischer Umtriebe zu denunzieren.«

»Ja, ja, die ›Top Ten‹. Die sind uns noch ein Begriff«, erinnert sich Brother Thomas.

»Genau gegen diesen antidemokratischen Übergriff, Menschen ins Gefängnis zu werfen, nur weil die sich weigern, ihre Mitmenschen zu verpfeifen, hatte Fritchman in der betreffenden Predigt gewettert«, fahre ich fort. »Daraufhin beschloss Thomas Mann, gemeinsam mit Fritchman ein unmissverständliches Manifest gegen diese Verstöße gegen die amerikanische Verfassung zu veröffentlichen, ein *pulpit editorial* (Kanzel-Veröffentlichung). Die Folge war, dass ein halbes Jahr später im *Life Magazine*, vermutlich auf Betreiben des FBI-Chefs J. Edgar Hoover, ein großer Artikel erschien, der fünfzig prominente Persönlichkeiten mit Fotos, Namen und Berufsbezeichnungen steckbriefartig anprangerte als angebliche Unterstützer und Propagandisten der kommunistischen Partei, darunter Albert Einstein, Charles Chaplin, Arthur Miller, Leonard Bernstein und eben auch Thomas Mann (als ›Novelist‹ bezeichnet) und Stephen H. Fritchman (als ›Unitarian clergyman‹ bezeichnet).«

»Eine Tochter Thomas Manns war doch auch mit von der Partie, nicht wahr?«, meint Brother Thomas sich schwach zu erinnern.

»Ja, dem Bündnis zwischen Thomas Mann und Fritchman schlossen sich Erika und Klaus Mann sowie Lion und Marta Feuchtwanger an. Erika hielt sogar einmal in der Unitarischen Kirche eine zündende politische Ansprache, der ihr Vater eigens beipflichtete.«

»Das heißt aber, dass in diesem Kreis das Politische nie zu trennen war vom Ethischen und letztlich vom Theologischen?«, wirft Brother Thomas fragend ein. »Jedenfalls bei Fritchman.«

»Aber auch bei Thomas Mann. Das politische und spirituell-religiöse Engagement sowie die freundschaftlich-persönliche Beziehung zwischen den beiden Männern gehörten immer eng zusammen. Sie besuchten sich oft gegenseitig und schrieben sich Briefe, Thomas Mann unterstützte finanziell Fritchmans Radiosendung, die jeden Sonntagvormittag ausgestrahlt wurde und immer die untrennbare Einheit von Politik und Religion vertrat. Darüber hat der Literaturwissenschaftler Heinrich Detering in Deutschland vor einigen Jahren genau recherchiert und ein Buch mit dem Titel *Thomas Manns amerikanische Religion* veröffentlicht.«

»Sie sind doch auch in dieser Kirche getauft worden«, hakt Brother Thomas überraschend nach und schaut mich mit einem bohrenden Blick an, dem ich nur schwer ausweichen kann.

»Ja, so wie alle vier Enkel Thomas Manns nach seinem Wunsch getauft worden sind. Die Taufe vollzog jeweils Fritchmans Vorgänger Ernest Caldecott«, antworte ich rasch.

»Wir haben uns in diesem Zusammenhang natürlich auch mit Ihnen und Ihrer Biographie befasst«, schaltet sich Brother John wieder ein. »Und da stellte sich für mich die Frage, ob Sie sich durch diese Taufe, oder sagen wir: durch den Wunsch Ihres Großvaters nach dieser Taufe, eigentlich dazu verpflichtet fühlen, die von ihm, Fritchman und anderen in Angriff genommene Aufgabe eines Brückenbaus zwischen Nationen, Kulturen und Religionen im Namen von Demokratie und Friedenssicherung irgendwie fortzuführen?«

»Für mich ist es immer entscheidend gewesen, dass Thomas Manns politisches Engagement für eine gesellschaftliche Einkleidung humanistischer Grundwerte in eine demokratische Verfassung aus seinem tiefsten Herzen kam. Er hat nie wirklich zwischen menschlichen und religiösen Grundwerten unterschieden, weil für ihn das ethische Bewusstsein die Klammer zwischen beidem bildet«, versuche ich Thomas Manns Verständnis von der Einheit zwischen Religiösem und Humanem zu erklären.

»Aber der politische Aspekt des Religiösen wurde ihm

erst nach dem Krieg so recht bewusst, als die Demokratie als Hauptwahrzeichen Amerikas in Frage gestellt wurde. Das war doch bei der Taufe von Thomas Manns vier Enkeln noch nicht der Fall gewesen, oder?«, wirft Brother Thomas wieder ein.

»Stimmt, diese Verbindung wurde ihm erst nach dem Krieg deutlich, als er, ein Jahr nach dem publizistischen Angriff im *Life Magazine*, Fritchman mit der Beerdigung seines Bruders Heinrich nach unitarischem Ritus beauftragte. Da war ihm der politische Aspekt seiner Zugehörigkeit zu dieser Kirche bewusst.«

»Ja, und vor allem – das ist für uns ein Kernpunkt«, bekennt jetzt Brother John, »bei Thomas Manns eigener Predigt, oder sagen wir, seiner predigtartigen Ansprache von der Kanzel der First Unitarian Church ein Jahr nach dem Tod seines Bruders im Frühjahr 1951. Diese historische und höchst bemerkenswerte Rede haben wir im Archiv der First Unitarian Church gefunden.«

»Das sehe ich auch so«, bestätige ich. »Ich empfinde diese Ansprache als eine Art Meilenstein. Die einzelnen Formulierungen, aber auch die atmosphärische Stimmung der ganzen Ansprache. Aus ihr spricht von Anfang an der tiefe Ernst des Redners. Thomas Mann erinnert dort an die Enkeltaufe und das Begräbnis seines Bruders, er betont sein Luthertum und dann, völlig konform mit Fritchman, den Vorrang des Ethischen und Praktischen gegenüber dem Dogmatischen im religiösen Leben. Und schließlich spricht er von einer human-überkonfessionellen ›Einheit des Menschengeistes‹. Nach dem von ihm gebrauchten Ausdruck ›applied religion‹ oder ›applied Christianity‹ (angewandtes Christentum) kommt bald der entscheidende Satz –«

»Sie meinen den Kernsatz, ohne den wir jetzt möglicherweise gar nicht hier säßen?«, unterbricht mich Brother John mit einem fast verklärten Lächeln im Gesicht.

»Ganz richtig … Da heißt es doch: ›a new, religiously-tainted humanism, aggressively bent on bettering man's status and condition on earth, while, at the same time, honoring, and bowing in reference to, the secret which lies at the bottom of all human existence, and which must and will never be lifted, – for it is holy‹ (›ein neuer, religiös imprägnierter Humanismus, aggressiv darauf ausgerichtet, des Menschen Stand und Zustand auf der Erde zu verbessern, indem er sich zugleich ehrend und ehrfürchtiger vor dem Geheimnis verneigt, das aller menschlichen Existenz zugrunde liegt und niemals gelüftet werden kann und wird, – denn es ist heilig‹).« (*Thomas Manns amerikanische Religion*, Frankfurt a. M. 2012, S. 176, 263 f.)

»Das ist in der Tat das pure Gegenteil von dogmatischem Denken«, schließt sich jetzt Brother Ralph an. »Diese Art von Gott als ›Geheimnis‹ kann nie von einer einzigen Religion für sich allein gegen andere Religionen in Anspruch genommen werden. Sonst wäre es kein Geheimnis mehr, und als Geheimnis bleibt es eine universale Kraft in gleicher Weise für alle. Und genau dieser Erkenntnis liegt auch das Bemühen Fritchmans um eine Verständigung vor allem zwischen Christen, Juden und Atheisten zugrunde. Deshalb gesteht er auch den jüdischen Mitgliedern seiner Gemeinde deren Zugehörigkeit zum Judentum zu oder eben Thomas Manns Zugehörigkeit zum Luthertum.«

»Hierzu passt auch, dass Thomas Mann bereits in seinem früheren *Fragment über das Religiöse* menschliche Kategorien wie Liebe und Tod als Grundlage und Zugang zum Religiösen sieht«, ergänzt Brother John zu meinem erneuten Staunen über seine Kenntnisse.

»Und auch nach seiner Rückkehr nach Europa und ein halbes Jahr vor seinem Tod hat Thomas Mann in seinem letzten Brief an Fritchman seine enge Verbundenheit mit der Unitarischen Kirche herausgestellt«, ergänze ich weiter. »Dieses Verhältnis hat vierzehn, fünfzehn Jahre angehalten.«

»Ich habe mir während der vergangenen Wochen nochmals die beiden für mich wichtigsten Alterswerke Thomas Manns, *Doktor Faustus* und *Der Erwählte*, vorgenommen«, schaltet sich schließlich auch Brother Michael ein. »Denn hier geht es wieder um ganz un-unitarische Aspekte, um *Sünde, Gnade* und *Erlösung*, was nicht nur nach lutherischer, sondern auch nach unserer katholischen Überzeugung ein Mysterium der Offenbarung bleibt und von der unitarischen Sichtweise wirklich weit weg ist«. Nach einer kurzen Pause fährt er fort: »Wobei im *Doktor Faustus* der Teufel noch die Übermacht behält, im *Erwählten* jedoch nicht mehr, weil dort der Sünder Gregorius durch seine Berufung zum Papst geheiligt wird und die Gnade über die Sünde siegt, ganz so, wie es im 5. Kapitel des Römerbriefs heißt: ›Wo aber die Sünde mächtig geworden ist, da ist die Gnade viel mächtiger geworden‹«.

»Ja, aber auch der *Doktor Faustus* endet mit einer gebetartigen Fürbitte um Gnade ›eurer armen Seele‹ … ›aus letzter Hoffnungslosigkeit‹ …›das Licht der Hoffnung‹«, führe ich weiter an. »Genau mit denselben Metaphern schließt auch gegen Ende des Romans die symphonische Kantate *Dr. Fausti Weheklag* mit ›der sprechenden Unausgesprochenheit, welche nur der Musik gegeben ist‹, eine ›letzte Sinnesverkehrung‹ … Nicht Vertröstung, Versöhnung oder gar Verklärung, sondern ›die leiseste Frage … die Hoffnung jenseits der Hoffnungslosigkeit, die Transzendenz der Verzweiflung, – nicht der Verrat an ihr, sondern das Wunder, das über den Glauben geht‹. Deutlicher geht es doch gar nicht.«

»Das ist doch ganz am Schluss der Kantate der Fall, als eine Instrumentalgruppe nach der anderen zurücktritt und zuletzt das hohe G eines Cello übrig bleibt, oder nicht?«, erinnert sich der musikalisch bewanderte Brother Thomas.

»Ja«, bestätige ich, »›das letzte Wort‹, so heißt es, ›der letzte verschwebende Laut, in pianissimo-Fermate langsam vergehend. Dann ist nichts mehr, – Schweigen und Nacht. Aber der nachschwingend im Schweigen hängende Ton, der nicht mehr ist, dem nur die Seele noch nachlauscht, und der Ausklang der Trauer war, ist es nicht mehr, wandelt den Sinn, steht als ein Licht in der Nacht‹.«

»Das alles, mitsamt der Höllenfahrt Deutschlands und ganz unter dem Eindruck der damaligen Katastrophe, hat Thomas Mann etwa ein Jahr nach Kriegsende geschrieben«, meint Brother John. »Aber ist diese Schilderung von abgründiger Verzweiflung und Resignation mit diesem doch noch winzigen Quäntchen Hoffnung nicht gerade heute wieder besonders aktuell, sofern sie unseren heutigen Zustand und unsere gegenwärtige innere Verfassung realistisch wiedergibt? Unsere Angst und Verzweiflung vor dem Nichts, auch was unseren Mangel an innerer Orientierung und innerem Halt an dem Abgrund betrifft, vor dem wir alle stehen? Tiefste, lautlose Nachtfinsternis, und dann doch dieser eine, ganz dünne, kleine, schwache Lichtschimmer, an den wir uns klammern?«

»Vielleicht ist die Lage heute sogar schlimmer als damals, als die Menschen insgesamt noch eher eine Religion, einen Glauben hatten, der ihnen Halt gab. Heute ist doch dieser Glaube aus den Herzen der Menschen weitgehend verschwunden«, bemerkt Brother Thomas. »Egal ob im Alltag, in der Kunst, in der Wissenschaft, überall treffen wir heute Leere und Trostlosigkeit an.«

»Am schlimmsten finde ich eigentlich, dass die Religionen selbst diesen Zustand wesentlich mitverschuldet haben«, erklärt Brother Raphael. »Wir schieben das immer wieder einseitig auf die böse, undankbare, materialistische Welt von heute, auf das desinteressierte Kirchenvolk. Aber nein, es sind doch jedenfalls in der christlichen Religion unsere Kirchen, die von Jahrhundert zu Jahrhundert und bis heute ihr Vertrauen verspielt haben, so dass die Menschen sich von ihnen immer weiter entfernen. Zumindest ist es ein Hand-in-Hand-Spiel zwischen den Gläubigen und den vielen unwürdigen Dienern der Kirche.«

»So ganz pauschal kannst du das aber nicht sagen, Raphael«, fallen jetzt die Fratres John und Thomas wie im Chor ihrem Mitbruder ins Wort. »Als ob es bei uns *nur* schwarze Schafe gäbe.«

»Nein, nein, von *nur* schwarzen Schafen kann nicht die Rede sein. Wir haben im Kloster oft zusammen darüber gesprochen. Ich wollte jetzt nur nicht demutslos uns Mönche und uns Klöster loben, weil wir uns angeblich vorbildhaft vom Gros der Amtskirchen-Priester und -Bischöfe abheben. Ich meine, heben wir uns denn wirklich so sehr von diesen ab, nur weil wir Mönche sind?«

»Nicht *wir* Mönche und nicht *wir* Klöster«, versucht Brother John zu berichtigen. »Aber insgesamt die monastische, die von Achtsamkeit, Empathie und Mitgefühl durchdrungene Spiritualität, gewonnen durch Kontemplation und geistliche Übungen anstelle der verkopften Theologie einer institutionalisierten Religion, gleich welcher. So kann man das vielleicht sagen.«

»Du meinst das, was Schwester Clarissa einmal gemeint hat, als sie uns sagte, sie könne vom reinen Hören einen predigenden Mönch von einem weltlichen Pfarrer unterscheiden?«, fragt Brother Raphael. »Ersterer würde aus dem Herzen predigen, der andere vom Kopf her, so hat sie gesagt.«

»Selbst wenn das so ist, hat das Mönchtum unsere Welt nicht besser gemacht«, meint Brother Michael lakonisch.

»Mir stellt sich das Problem folgendermaßen dar«, setze ich jetzt neu an. Es gibt zwei friedensgefährdende Grundkrankheiten unserer Demokratie, die es auszukurieren gilt. Der *Nationalismus* und der *Fundamentalismus*. Beide bedrohen die Demokratie, weil sie den Keim des *Totalitarismus* in sich tragen. Ein Gegengewicht gegen den *Nationalismus* zu setzen ist primär die Aufgabe einer verantwortungsbewussten Realpolitik mit allen ihren Argumenten für eine Staatsgrenzen und Kontinente übergreifende Kooperation und für eine flächendeckende Völkerverständigung. Bei der Eindämmung aggressiv *fundamentalistischer Verblendung* kann die Realpolitik zwar auch mitwirken. Da jedoch eine fundamentalistische Gesinnung die Folge einer Ideologisierung, Erstarrung und Verkehrung religiöser oder religionsähnlicher Glaubensüberzeugungen ist, muss diese Erstarrung aufgelöst und die betreffende Ideologie auf ihre ursprünglichen, oft spirituellen Erfahrungen zurückgeführt werden. Gerade vorgestern sprach ich noch mit einem Theologen und Biologen, der mir sagte, dass wir uns nicht ängstlich-dogmatisch an unsere Metaphern und Bilder klammern dürften, sondern immer wieder auf unsere dafür grundlegenden Erfahrungen zurückgreifen sollten.«

»Und wer sollte dafür geeigneter oder zuständiger sein als die Politik?«, möchte jetzt Brother John wissen.

»Da denke ich wirklich an diejenigen, die sich mit authentischer Spiritualität nicht nur auskennen, sondern diese tagtäglich mit ihrer kontemplativen Praxis und ihren geistlichen Übungen leben und in ihr zu Hause sind. Und das sind die Mönche und Nonnen in ihren Klöstern, wenn ich das einmal so offen sagen darf.«

»Wir in Amerika? Wir sollen uns mit den vielen, überall verstreuten Evangelikalen herumschlagen?«, fragt Brother John erschrocken.

»Nein, das meine ich nicht, jedenfalls solange es sich nicht irgendwie von selbst ergibt. Die Hauptaufgabe eines Engagements von Mönchen sehe ich darin, einen achtsamen und empathischen Dialog als Ausdruck ihrer ureigenen spirituellen Identität vorzuleben.«

»Ja … gut … Aber darf ich dann eine Gegenfrage stellen? Haben Sie denn in Deutschland und in Europa Erfahrungen im spirituellen Umgang mit dieser Art von Fundamentalisten?«, fragt mich jetzt Brother John.

»Indirekt ja. Es kommt auch in Europa auf die Gesprächspartner an. Bekanntlich ist bei uns der hass- und gewaltvolle Fundamentalismus besonders des politischen Islams mit seinen nicht abreißenden Anschlägen überall in Europa gegenwärtig das herausragende Problem. Aber gerade diesem Islamismus ist mit spirituellen Gesprächen natürlich nicht beizukommen. Leider neigt auch der mehrheitlich friedliche Islam dazu, sich aus Angst von allen anderen Religionsgemeinschaften mehr oder weniger abzugrenzen.«

»Die Sufis auch?«

»Nein, das wollte ich gerade sagen. Die sind eine bewundernswert offene Richtung des Islams, und das waren sie schon immer. Ziel der Sufis ist eine mystische Gotteserfahrung, der Zustand des Einsseins, *tauhid*, mit Gott, wie wir vielleicht sagen würden, die ›unio mystica‹. Im Mittelpunkt der sufistischen Lehre steht, neben Schönheit und Wahrheit, die Liebe zum Einen.«

»Wir in unserem Kloster schätzen überaus den sich an der reformjüdischen Mystik der Chassidim orientierenden Philosophen Martin Buber, der auch hier im Haus einmal Thomas Mann kurz vor dessen Rückkehr nach Europa aufgesucht hat. Für Buber ist Gott ›das ewige Du‹. Sozusagen der Mittelpunkt sämtlicher menschlicher Ich-Du-Beziehungen, in dem sich die verlängerten Linien aller dieser Beziehungen schneiden und mit dem jeder Mensch in Beziehung treten kann.«

»Oh, ich weiß ... Für mich war Martin Buber schon seit Beginn meines Theologiestudiums einer der maßgeblichen Vordenker dessen, was ich persönlich unter einem spirituell relevanten und auch praktisch fruchtbaren Dialog verstehe«, werfe ich ein.

»Und wie lässt sich so etwas praktisch umsetzen?«

»Es gibt europaweit, sicher so wie hier auch, eine Fülle von Institutionen, in denen sich immer mehr Menschen auf ihrer Suche nach dem Sinn des Lebens religionsübergreifend verschiedenen Übungswegen in Bereichen von Meditation und Kontemplation widmen, um einen neuen Zugang zu ihrem Innenleben zu gewinnen«, erwidere ich. »Wichtig aber scheint mir, dass die Ergebnisse solcher Übungen vor allem von Menschen unterschiedlichster Religion in *Erfahrungsdialogen* ausgetauscht werden. In besonderer Weise realisiert wird dies seit rund zehn Jahren in einer konfessionsneutralen Einrichtung in Südwestdeutschland, die sich als religionsübergreifend versteht und sich deshalb ›Weltkloster‹ nennt.«

»Religionsübergreifend?«, fragt Brother John etwas verwirrt nach. »Gibt es so etwas? Wer fungiert denn als Träger und Geldgeber? Eine kirchlich gebundene Einrichtung doch sicher nicht.«

»Nein, das von diesem Weltkloster-Trägerverein genutzte Gebäude ist von der Kommune zur Verfügung gestellt worden. Und dort lud der Vorstand des Trägervereins in regelmäßigen Abständen hauptsächlich Ordensleute, Mönche und Nonnen aller Religionen ein zu einem sich über mehrere Tage vertiefenden pluralistischen Erfahrungsdialog auf Augenhöhe, welcher von der Leiterin des Weltklosters, einer Religionswissenschaftlerin, vorbereitet und moderiert wurde. Die Ergebnisse wurden festgehalten und ausgewertet und am Ende der Dialogtage der Öffentlichkeit vorgestellt.«

»Aha, also keine feste spirituelle Gemeinschaft wie wir, sondern ein nur von wechselnden dialogischen Counterparts temporär bewohntes Haus?«, fragt jetzt wieder Brother Michael nach, und Brother John ergänzt: »Das klingt interessant, aber für uns wäre dieser Ort in Europa natürlich zu weit entfernt.«

»Inzwischen ist dieses Weltkloster dabei, über seinen Herkunftsort hinaus ein Netzwerk mit Klöstern und anderen Institutionen aufzubauen. Und wenn seitens des Weltklosters vielleicht weniger direkte Gespräche mit religiös konträren oder gar fundamentalistischen Positionen geführt werden, bleibt es immer das Ziel, gegen alle Anwandlungen von fundamentalistisch-religiöser Exklusivität beispielhaft für Dialogbereitschaft und Pluralismus und für eine achtsame, empathische Grundhaltung einzustehen.«

»Dieses neue Netzwerk reicht aber nicht bis Kalifornien?«, fragt Brother Thomas verschmitzt. »Ich meine, bis in dieses Haus hier …«

»Das wäre eine wunderbare Idee. Aber das müsste man sicher langfristig planen. Das Residenzprogramm des Thomas Mann House beginnt ja erst in diesem Sommer mit den ersten handverlesenen Stipendiaten. Außerdem untersteht die Programmplanung einem Verein, dessen Kuratorium die Fellows eigenständig auswählt.«

»Sicher. Ich meinte ja nur, ob eine solche religionswissenschaftlich fundierte Dialogarbeit gegen fundamentalistische Verengungen, wie sie in Deutschland entwickelt wurde, in ferner Zukunft hier im Haus oder bei uns im Kloster oder anderswo überhaupt in Betracht kommt«, fragt Brother John.

»Das weiß ich nicht. Ich persönlich würde das jedenfalls sehr befürworten. Denn ich sähe darin einen wichtigen politischen Baustein in einem weltweit ausgerichteten Dialog.«

»Entspricht denn das Ziel, das Residenzprogramm gerade in diesem Haus in den Dienst einer auf Zukunft ausgerichteten Demokratie zu stellen, nicht letztlich auch dem Verständnis von Demokratie in Thomas Manns Werk?«, möchte Brother John sich versichern.

»Ganz bestimmt. Thomas Mann hat 1938 in seinem gegen jede Diktatur gerichteten Essay *Vom kommenden Sieg der Demokratie* einmal sinngemäß gesagt, Demokratie sei dem Leben und der Tat zugewandter Geist. Ich vermute stark, dass gerade dieser kurz vor dem Krieg verfasste Essay ein Leitbild ist für das dialogische Konzept der deutschen Bundesregierung.«

»Für uns ist es wichtig zu wissen«, so schlussfolgert Brother John, »dass in Ihrem Konzept hier Demokratie, Dialog und Ethik zusammen mit Bewusstseinswandel – letztlich auch in unserem Sinne – eng miteinander verknüpft sind, oder kurz gefasst: *Ohne Dialog keine Zukunft der Demo-*

kratie und ohne grundlegende Ethik und ohne Bewusstseinswandel hin zu Achtsamkeit und Empathie kein Dialog.«

»Ich denke, das ist eine gute Zusammenfassung und eine Art Quintessenz unseres heutigen Gedankenaustauschs.«

Ich fühle jetzt, wie sich hier im Raum eine wohltuende Stille ausbreitet. Je länger, desto mehr erscheint mir diese Stille nicht tonlos, sondern von einem harmonischen und einvernehmlichen Klang erfüllt. Als wir eine ganze Weile schweigend zusammensitzen, glaube ich plötzlich aus der Kehle von Brother John einen leisen, durchgehenden Gesangston zu hören. Es ist zuerst eigentlich kaum mehr als ein tiefes Brummen. Auf dieses folgt bald von Brother Thomas' Seite, wie darauf aufbauend, ein zweiter, etwas höherer Ton. Dann kommen bald, von den zwei anderen Mönchen, noch höhere, schwerer definierbare, langgezogene Gesangstöne dazu. Es ist, als würden alle vier Mönche ihren Anfangston für einen vierstimmigen Chorgesang suchen.

Dann plötzlich geraten alle vier Stimmen in Bewegung. Zuerst der Bass allein mit einer in Ganztönen aufsteigenden, dreiteiligen Figur. Dann erfolgt auf dem dritten Ton der Bassstimme der kanonartige Einsatz der zweiten Tenorstimme mit derselben dreiteiligen Figur eine Quinte höher. Beide Stimmen artikulieren dabei dieselben vier Silben: »do-na … no-bis«. Und als dann die dritte und vierte Stimme, wieder mit derselben dreiteiligen, aufsteigenden Figur, ebenfalls kanonartig dazukommen, sind die beiden untersten Stimmen bereits bei den Silben »pa-cem« angelangt. Danach gehen bei allen vier Stimmen die ersten halben Noten des Hauptthemas fließend über in bewegte Viertel- und diese dann in weiterfließende Achtel: »do-na no-bis pa-cem … do-na no-bis pa-cem«.

Es ist anfangs nicht leicht, das Werk zu erkennen, welches die vier Mönche hier mehr markieren als wirklich singen. Nicht nur wegen der besonders am Anfang kaum mehr als gehauchten Wiedergabe, sondern auch weil die obersten beide Stimmen, Alt und Sopran, von den Männerstimmen eine Oktave tiefer gesungen werden. Dazu kommt die Wiedergabe nur a cappella, d. h. ohne die zu diesem Chorsatz gehörende Orchesterbegleitung. Aber dann, spätestens im fünften Takt, als der Kanon einmal durchgesungen ist, erhöhen die Stimmen ihre Lautstärke, und ich kann nicht mehr überhören, dass es sich um den Schlusschor der Hohen Messe in h-Moll von Johann Sebastian Bach handelt.

Im Moment weiß ich nicht, was ich von diesem überraschenden Singsang halten soll. Ich frage mich, was meine vier Mönche hier dazu bewegt hat, diesen Chorsatz aus Bachs letztem großen Vokalwerk anzustimmen. Es klingt auf Anhieb skurril, komisch und rührend zugleich. Aber dann fällt mir ein, dass die Messe in h-Moll das einzige geistliche Werk dieses *protestantischen* Komponisten ist, welches das vollständige Ordinarium des lateinischen Messetextes enthält und das er für die *katholische* Hofkirche im sächsischen Dresden geschrieben hat.

Nachdem die Stimmen am Ende des Chorsatzes wieder verstummt sind, sitzen wir noch eine Weile in der Stille zusammen. Schließlich stehen die vier Mönche auf, ich begleite sie zur Eingangstür, wo wir uns herzlich verabschieden und uns gegenseitig für das anregende Gespräch bedanken.

Ich schließe die Türe und blicke durch den Flur zurück ins Haus.

Abb. 16 Die alte Einfahrt zum Haus 1550 San Remo Drive

Dank

Unter den vielen Freunden und Kollegen, denen ich für ihre Mithilfe an der Niederschrift dieses Buches zu danken habe, möchte ich eigens den Vorsitzenden des Münchner Thomas-Mann-Forums, Dr. Dirk Heißerer, hervorheben, der mich auf meiner ersten Reise im März 2018 nach Pacific Palisades kundig und freundschaftlich begleitet hat und der mir außerdem zu unverzichtbaren bibliographischen und geschichtlichen Details für meine Darstellung verholfen hat, welche sich aus Fakten, Gedanken und einigen überwiegend fiktiven Gesprächen zusammensetzt.

Bildnachweis

Abb. 1 Milena Heißerer
Abb. 2 picture alliance / AP / Keystone
Abb. 3 ETH-Bibliothek Zürich, Thomas-Mann-Archiv
Abb. 4 © rebuild.ing GmbH / H2S Architekten
Abb. 5 Münchner Stadtbibliothek / Monacensia, Sign. EM F 10a
Abb. 6 Ullstein bild
Abb. 7 ETH-Bibliothek Zürich, Thomas-Mann-Archiv
Abb. 8 picture alliance / AP / Keystone
Abb. 9 ETH-Bibliothek Zürich, Thomas-Mann-Archiv
Abb. 10 ETH-Bibliothek Zürich, Thomas-Mann-Archiv / Foto: Margrit Schmidhauser
Abb. 11 Münchner Stadtbibliothek / Monacensia, Sign. EM F123
Abb. 12 Ullstein bild
Abb. 13 picture alliance / AP / Keystone
Abb. 14 Münchner Stadtbibliothek / Monacensia, Sign. EM F123
Abb. 15 Milena Heißerer
Abb. 16 ETH-Bibliothek Zürich, Thomas-Mann-Archiv

Der Autor und der S. Fischer Verlag danken allen Rechteinhabern für die Abdruckgenehmigung.

Da in einigen Fällen die Rechteinhaber nicht festzustellen oder nicht erreichbar waren, verpflichtet sich der Verlag, rechtmäßige Ansprüche nach den üblichen Honorarsätzen nachträglich zu vergüten.